国家社科基金重大项目"基于'互联网+'的国际汉语教学资源与智慧教育平台研究"成果

基于新标准体系的
国际中文教育
教学语法资源建设研究

下

主　编：王治敏
副主编：闻　亭
编　者：张俊萍　王鸿滨　彭锦维　李靖华
　　　　李艳华　赵慧周　曹彩虹　李春玲

北京语言大学出版社
BEIJING LANGUAGE AND CULTURE
UNIVERSITY PRESS

© 2022 北京语言大学出版社，社图号 22054

图书在版编目（CIP）数据

基于新标准体系的国际中文教育教学语法资源建设研究 . 下 / 王治敏主编；闻亭副主编；张俊萍等编 . —— 北京：北京语言大学出版社，2022.9（2023.4 重印）
ISBN 978-7-5619-6115-5

Ⅰ.①基… Ⅱ.①王… ②闻… ③张… Ⅲ.①汉语 - 语法 - 对外汉语教学 - 教学研究 Ⅳ.① H195.3

中国版本图书馆 CIP 数据核字（2022）第 143124 号

基于新标准体系的国际中文教育教学语法资源建设研究（下）
JIYU XIN BIAOZHUN TIXI DE GUOJI ZHONGWEN JIAOYU JIAOXUE YUFA ZIYUAN JIANSHE YANJIU (XIA)

排版制作：	北京青侣文化创意设计有限公司
责任印制：	邝　天
出版发行：	北京语言大学出版社
社　　址：	北京市海淀区学院路 15 号，100083
网　　址：	www.blcup.com
电子信箱：	service@blcup.com
电　　话：	编辑部　8610-82303647/3592/3724
	国内发行　8610-82303650/3591/3648
	海外发行　8610-82303365/3080/3668
	北语书店　8610-82303653
	网购咨询　8610-82303908
印　　刷：	天津嘉恒印务有限公司
版　　次：	2022 年 9 月第 1 版　**印　次：** 2023 年 4 月第 2 次印刷
开　　本：	787 毫米 × 1092 毫米　1/16　**印　张：** 18.75
字　　数：	233 千字
定　　价：	88.00 元

PRINTED IN CHINA

凡有印装质量问题，本社负责调换。售后 QQ 号 1367565611，电话 010-82303590

序

  在党和国家的领导和关怀下,在广大汉语教师的努力下,在部分汉语学界学者、相关的企事业单位同人的参与下,在国际友人支持下,汉语二语教学迅速发展,现在已经在全球蓬勃开展。汉语二语教学界责任越来越重,不仅要不断地努力建造起一座座从世界各国通向中国和华语社区的友谊之桥"汉语桥",而且要为"一带一路"建设、要为构建人类命运共同体事业做出自己的贡献。为此,大家早就渴望着能有一个比较科学、能为多数人接受的面向汉语二语教学的基础词汇、基础汉字、核心语法点、分级阅读文本等资源的提取技术与研建方法,构建汉语二语教学核心资源与智慧教育平台,以满足"互联网+"背景下的国际汉语智慧教育的现实需求。有鉴于此,北京语言大学由王治敏教授领衔主持的国家社科基金重大项目以"基于'互联网+'的国际汉语教学资源与智慧教育平台研究"为课题名称,于2018年正式被批准立项开始研究。现在以纸质形式呈现在广大读者面前的《基于新标准体系的国际中文教育教学语法资源建设研究》(又称《教学语法100点》)只是相关研究成果的一小部分,也就是大家所渴求的那种平台的一小部分——只限于初级阶段必备的100项核心语法点。

  《教学语法100点》项目团队前期经过调研,统计了广泛使用的10套国际中文教育教材,共计37册,汇聚了2106项语法点。该团队结合一线教师丰富的教学经验,层层筛选,完成了教学语法知识库一期 100 项语言点的建设。《教学语法 100 点》中的语法项目名称参照了最新出版的《国际中文教育中文水平等级标准》的内容。八大类内每一类语法点的排序充分考虑了该语法点的难易度,并与《国际中文教育中文水平等级标准》的一到六级基本对应。《教学语法 100 点》中的教学设计完全贴近学生生活,教学语言简单易懂。

《教学语法 100 点》运用乔治·西蒙斯（George Siemens）的联通主义理论,细分[语法项目名称][语法意义及功能][语法知识储备][教学核心思路][偏误][课堂描述][导入][肯定范例及结构][否定范例及结构][疑问范例及结构][操练][课堂活动][练习与测试]等十多个不同板块,各个板块精心设计,内容丰富,既包含语法的理论储备部分,也包含课堂教学的实操部分。这种设计可为语法课堂教学提供规范化的实施案例,也可为国际中文教育课程标准化提供清晰的思路。

《教学语法 100 点》对每一个语法点加以细致描述与引导,构建起了适用于汉语二语教学的现代汉语教学语法知识库。不少人总以为理论语法与教学语法之间,或者说汉语语法本体研究与汉语语法教学实践之间,存在着一个不可逾越的"鸿沟"。其实,理论语法与教学语法之间,或者说汉语语法本体研究与汉语语法教学实践之间,差异是确实存在的,但并不存在不可逾越的"鸿沟"。关键是要善于做好两方面的转化工作——将汉语语法的学术内容转化为汉语语法的教学内容,将学术语言转化为教学语言。《教学语法 100 点》所呈现的语法知识库,无疑为汉语理论语法与汉语二语教学语法实践之间架起了一座桥梁,在"转化"方面进行了可喜而有效的尝试,为广大汉语教师提供了"转化"的路径与具体的操作方式。《教学语法 100 点》对每位汉语教师来说,不仅能从中学习到与汉语二语教学相关的汉语语法知识,更能学习到具体的实践路径和操作方法。《教学语法 100 点》

所谈的只是汉语的一小部分语法点，但其"转化"思路与基本精神也适用于汉字教学、词汇教学、篇章教学等其他方面，对从事外语教学的广大老师来说，都有参考价值。

当然，这仅仅是一个尝试。作者将《教学语法100点》拿出来与广大读者见面，用意之一是要广泛听取意见。我不是《教学语法100点》的作者，但我愿意为他们呼吁——衷心希望广大读者，尤其是一线的汉语教师，在阅读、学习了《教学语法100点》之后能踊跃提出意见与建议，以帮助他们进一步改进和完善这个语法知识库，乃至整个"基于'互联网+'的国际汉语教学资源与智慧教育平台"。

是为序。

陆俭明
于北京大学蓝旗营寓所
2022年3月9日

前　言

近两年，在线教育凭借"互联网+"的优势蓬勃发展，加强在线教育资源建设与开发成为高校研究和产业界关注的焦点，国际中文教育行业也因此迎来了巨大的发展机遇。国家社科基金重大项目"基于'互联网+'的国际汉语教学资源与智慧教育平台研究"于2018年正式立项，该项目服务于中华文化走出去的国家战略，利用中文信息处理技术、移动互联技术等多种技术及既有研究成果，探索面向国际中文教育的基础词汇、基础汉字、核心语言点、分级阅读文本等资源的提取技术与研建方法，搭建国际汉语教学核心资源与智慧教育平台，以满足"互联网+"背景下的国际汉语智慧教育的现实需求。经过三年多的培育，该项目的研究已经取得了阶段性进展。为了满足线上和线下教育需求，我们计划将教学语法的核心部分以纸版形式发布，以方便汉语教师随时查阅。

《基于新标准体系的国际中文教育教学语法资源建设研究》（又称《教学语法100点》）分为上、下两册，是"基于'互联网+'的国际汉语教学资源与智慧教育平台研究"的成果之一。本书能满足国际中文教育从粗放传播阶段向精耕细作的深度传播阶段发展的需要，是国际中文教育学科体系建设的重要支撑，也是交叉学科背景下集体智慧的结晶，集中体现了北京语言大学教学一线的教师们运用新技术、新方法建设教学资源的新思路。本书特点如下：

1. 所选语法项目基本覆盖了初级汉语教学的常用语言点

为使本书中的语法项目更具有代表性，研制组统计了目前广泛使用的 10 套国际中文教育教材，共计 37 册，汇聚了 2106 项语言点，结合多年教学经验，精挑细选了 100 项作为初级汉语教学必备核心语言点。这 100 项核心语言点也是 2021 年刚刚公布的《国际中文教育中文水平等级标准》（以下简称《标准》）中的重要语言点。《教学语法 100 点》对 100 项语言点进行了分类，上册共三大类，合计 46 项语言点；下册共五大类，合计 54 项语言点。

2. 采用了联通主义思想下的教学知识资源设计方法

联通主义学习观认为，学习在混沌、复杂、网络化的情境下发生，是建立外部和内部网络的过程。外部学习网络用于联通并建立知识源，创造和联通外部新知识。头脑中固有的内部学习网络（神经系统）是存在于我们心智中的结构。当遇到新信息和新知识时，学习主体便可动态更新和调整自己的学习网络，通过联通激活各种内在知识，有效重组生成新的言语信息。教师的作用在于利用本知识库激发学习者将第二语言信息与自身的语言文化背景等各方面的信息进行有效联结的能力，在这一过程中教师也可以实现教学语法理论知识与课堂教学实践的有效联通。基于联通主义的教学知识资源可为语言学理论研究成果向教学应用转化提供渠道和思路。教学知识资源建设可为汉语教师组织课堂教学提供实用化方案。

本书的知识资源思维导图如图 1 所示：

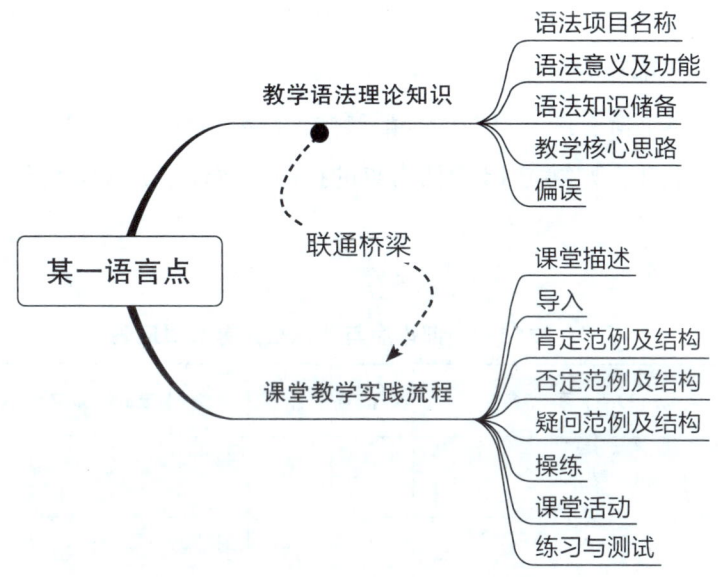

图 1　本书的知识资源思维导图

3. 实现了传统语法与教学语法的有效转化

我们通过对各种国际中文教育语法大纲和典型教材中核心语法项目的提取，构建了基于联通主义的国际中文教育教学语法资源。资源建设中的所有属性字段都包含两部分：静态和动态。静态部分的描写结合了目前教学语法的最新研究成果，目的是协助教师了解语言点的教学知识，用通俗易懂的语言传授教学语法知识。动态部分做到了教学过程形式化、教学语法理论知识形式化、汉语课堂教学流程（步骤）形式化。本书能够从理论和实操两个方面给教师提供参照和模式范本。

4. 语言点的编排与《标准》紧密结合并呈螺旋式上升

本书语言点的名称参照了最新出版的《标准》。八大类中每一类语言点的排序都充分考虑了该语言点的难易度，并与《标准》的一到六级对应。本书所有语言点的编排都遵循了由易到难、循序渐进的原则，呈螺旋式上升。如复句 18 个语言点的排序与《标准》等级划分的对应情况如下：

表 1　复句的内部排序与《标准》等级对应表

《教学语法 100 点》语言点名称	类内序号	《标准》等级	《标准》中的语言点名称
并列复句：一边……，一边……	1	一	并列复句：一边……，一边……；……，也……
选择复句：(是) A，还是 B	2	二	选择复句：(是)……，还是……
承接复句：先……，再……，然后……，最后……	3	二	承接复句：先……，再/然后……
因果复句：因为……，所以……	4	二	因果复句：因为……，所以……
转折复句：虽然……，但是……	5	二	转折复句：虽然……，但是/可是……；……，不过……
紧缩复句：一……就……	6	二	紧缩复句：一……就……
条件复句：只要……，就……	7	二	条件复句：只要……，就……
递进复句：不但……，而且……	8	二	递进复句：不但……，而且……
假设复句：如果/要是……(的话)，(就)	9	三	假设复句：要是……，就……
选择复句：不是 A，就是 B	10	三	选择复句：不是……，就是……
条件复句：只有……，才……	11	三	条件复句：只有……，才……
选择复句：或者 A，或者 B	12	四	选择复句：或者……，或者……
并列复句：不是……，而是……	13	四	并列复句：不是……，而是……
因果复句：既然……，就……	14	四	因果复句：既然……，就……

(续表)

《教学语法100点》语言点名称	类内序号	《标准》等级	《标准》中的语言点名称
条件复句：无论/不管……，都/也……	15	四	条件复句：不管……，都/也……；无论……，都/也……
让步复句：即使……，也……	16	五	让步复句：即使……，也……
选择复句：要么A，要么B	17	六	选择复句：要么……，要么……
递进复句：连……也/都	18	六	递进复句：连……也/都……，更……

5. 采用［属性：值］二维关系进行描述

本书继承了《现代汉语语法信息词典》的设计思想，采用［属性：值］二维关系来描述语言点。本书的每个条目下包括[语法项目名称][语法意义及功能][语法知识储备][教学核心思路][偏误][课堂描述][导入][肯定范例及结构][否定范例及结构][疑问范例及结构][操练][课堂活动][练习与测试]等板块，具体内容如下：

[语法项目名称]：列出语言点的名称。

[语法意义及功能]：概括表述语言点的句法、语义、语用等知识。

[语法知识储备]：详细描述教学时所需的语法知识。

[教学核心思路]：介绍适合语言点讲练的核心教学设计。

[偏误]：呈现第二语言学习者经常出现的偏误及归类。

[课堂描述]：用简单易懂的语句描述语言点，帮助学生理解。

[导入]：介绍课堂教学时如何导入，如常用情境、教师话语等。

[肯定范例及结构]：给出肯定范例，并归纳出常用的肯定结构。

[否定范例及结构]：给出否定范例，并归纳出常用的否定结构。

[疑问范例及结构]：给出疑问范例，并归纳出常用的疑问结构。

[操练]：介绍语言点常用的操练形式。

[课堂活动]：展示练习语言点的互动性活动，如游戏、讨论、表演等。

[练习与测试]：适合课上、课后使用的多种练习及测试。

本书的[语法项目名称][语法意义及功能][语法知识储备][教学核心思路][偏误]等模块从理论方面为新手教师提供了汉语教学语法的基础知识，包括汉语作为第二语言教学中语言点的整体教学思路、常见偏误。这是国际汉语教师的根基。

[课堂描述][导入][肯定范例及结构][否定范例及结构][疑问范例及结构][操练][课堂活动][练习与测试]等模块从教学实践层面为新手教师提供了汉语课堂教学的具体流程和步骤，并提供了有丰富教学经验的汉语教师们实际操作过的课堂活动、操练方式。因为教学对象是非汉语母语者，深奥的语言学术语不适合在二语课堂呈现，因此本书还提供了简化后的课堂描述。这是国际汉语教师的另一个根基。

本书借鉴中文信息处理领域的技术方案，架起了一座联通语法理论知识与教学实践的桥梁。汉语语法理论知识功底深厚的教师，可重点借鉴本书中汉语作为第二语言教学实操方面的技巧与方法；具备汉语二语教学经验但希望进一步提升汉语教学语法理论知识的教师，侧重点可以放在教学语法知识储备部分，教学实践部分也会令您眼前一亮；两个部分都需要充电的新手教师们、所有对国际中文教育感兴趣的朋友们，此书在手，不必他求。

上册分工如下（按照姓氏音序排列）：

彭锦维：词类（12、14、24、25），特殊句式（29、31、37、38、39、43）。王鸿滨：词类（3、4、8、9、10、11、15、18、19、20），特殊句式（32、44）。王治敏：词类（16、17、21），语言点辨析（26、27），特殊句式（30、34、35、36、45、46）。闻亭：词类（5、6、7、13、22、23）。张俊萍：词类（1、2），语言点辨析（28），特殊句式（33、

40、41、42)。

下册分工如下[1]（按照姓氏音序排列）：

李靖华：句子成分（63、65、66、67、69、70、71、72、73、74、75），复句（79、89）。李艳华：固定格式（49），句子成分（68），复句（78、80、82、86、88），句类（96、97、98）。彭锦维：特殊表达（50），句子成分（62），复句（90、91），句类（94、95）。王鸿滨：固定格式（52、53），特殊表达（56、57、58、59）。王治敏：固定格式（48）。闻亭：固定格式（47、51），句子成分（64），复句（76、81、83、84、93），句类（99、100）。张俊萍：特殊表达（54、55），句子成分（60、61），复句（77、85、87、92）。

《基于新标准体系的国际中文教育教学语法资源建设研究》
研制组
2022年7月7日

---

[1] 《基于新标准体系的国际中文教育教学语法资源建设研究》上、下两册连续编排语言点序号。

目 录

第四部分　固定格式

47. 快要 / 快 / 就要 / 要……了　　/1

48. 越来越……；越……越……　　/6

49. 又……又……　　/11

50. 一……也 / 都 + 不 / 没……　　/16

51. 除了……（以外），……还 / 也 / 都……　　/22

52. 进行态：正在 + 动词　　/28

53. "的"字短语　　/35

第五部分　特殊表达

54. 时间表示法（1）：年、月、号、星期　　/41

55. 时间表示法（2）：点、分、刻、秒　　/48

56. 基数词：整数、分数、小数　　/55

57. 序数词　　/59

58. 概数表达法（1）：数词连用、来、多　　/63

59. 概数表达法（2）：左右、上下　　/69

第六部分　句子成分

60. 时间状语	/75
61. 处所状语：在＋地点	/81
62. 定语	/86
63. 结果补语	/91
64. 状态补语	/97
65. 简单趋向补语	/102
66. 复合趋向补语	/107
67. 可能补语	/113
68. 程度补语	/119
69. 数量补语（动词＋时量补语）	/124
70. 趋向补语"出来"的引申用法	/129
71. 趋向补语"起来"的引申用法	/134
72. 趋向补语"上去"的引申用法	/139
73. 趋向补语"上来"的引申用法	/144
74. 趋向补语"下来"的引申用法	/148
75. 趋向补语"下去"的引申用法	/153

第七部分　复句

76. 并列复句：一边……，一边……	/157
77. 选择复句：(是) A，还是 B	/161

78. 承接复句：先……，再……，然后……，最后…… /167

79. 因果复句：因为……，所以…… /171

80. 转折复句：虽然……，但是…… /175

81. 紧缩复句：一……就…… /179

82. 条件复句：只要……，就…… /184

83. 递进复句：不但……，而且…… /188

84. 假设复句：如果 / 要是……（的话），就…… /193

85. 选择复句：不是 A，就是 B /197

86. 条件复句：只有……，才…… /202

87. 选择复句：或者 A，或者 B /206

88. 并列复句：不是……，而是…… /210

89. 因果复句：既然……，就…… /215

90. 条件复句：无论 / 不管……，都 / 也…… /220

91. 让步复句：即使……，也…… /225

92. 选择复句：要么 A，要么 B /230

93. 递进复句：连……也 / 都…… /235

第八部分　句类

94. 是非疑问句：……吗？ /241

95. 特指疑问句 /246

96. 正反疑问句 /254

97. 感叹句 /260

98. 祈使句　　　　　　　　　　　　　　　　　　　/266

99. 反问句（1）：不是……吗? 没（有）……吗?　　/271

100. 反问句（2）：用疑问代词"什么、哪儿、怎么、
　　　 谁"等表示反问　　　　　　　　　　　　　　/276

第四部分 固定格式

47 快要/快/就要/要……了

语法意义及功能

"快要/快/就要/要……了"表示动作即将发生或者情况将要发生变化。

语法知识储备

一、"快要/快/就要/要……了"表示动作或者情况即将发生变化。

二、句中有时间名词或者表示短时的副词时，只能用"要……了"和"就要……了"，如可以说"我下个星期要/就要放假了""我们马上要/就要上课了"。

教学核心思路

一、围绕生活中即将发生的事情展开操练。

二、可以把即将发生的事情体现在一个日历中，突出是在未来发生的，之后配合写好的日程操练句型。

三、在操练时注意提醒学生，句中有时间名词或者表示短时的副词时，只能用"要……了"和"就要……了"。

偏误

[误用] 固定格式混淆使用。句中有具体的时间名词时，只能用"要……了"和"就要……了"。

＊我姐姐下个月快要结婚了。

＊我姐姐下个月快结婚了。

课堂描述

"快要/快/就要/要……了"的意思是事情很快要发生。

导入

一、通过班级中即将发生的事情导入，选择四种格式都可以使用的情境。

师：今天是几月几号？

生：9月25号。

师：下个星期有什么节日？

生：国庆节。

师：我们可以说"国庆节快要到了"。

生：国庆节快要到了。

师：我们还可以说……

生：国庆节快到了/国庆节就要到了/国庆节要到了。

师：对，这个句子用"快要/快/就要/要……了"都可以。

二、导入只能用"要……了"和"就要……了"的情况。

师：国庆节以后的10月8号我们有什么考试？

生：期中考试。

师：我们可以说……（指"要……了"和"就要……了"）

生：我们马上要期中考试了/我们马上就要期中考试了。

师：期中考试是几号？

生：10月8号。

师：我们可以说……（指"要……了"和"就要……了"）

生：我们10月8号要期中考试了/我们10月8号就要期中考试了。

师：句子里有"很快、马上"这样的表示时间短的词语，或者有"……号"这样的时间词的时候，只能用"要……了"和"就要……了"。

肯定范例及结构

我们快要放假了。

我们快放假了。

我们就要放假了。

我们要放假了。

[主语＋快要/快/就要/要＋动词＋了]

3

我们下个星期就要放假了。

我们下个星期要放假了。

[主语＋时间＋就要/要＋动词＋了]

我们马上就要放假了。

我们很快要放假了。

[主语＋时间副词＋就要/要＋动词＋了]

操练

[我的日历]

教师出示一个日历表，圈出当天，并标出后面几天要做的事情，比如下周六参观博物馆、下个月10号考试、下个月12号家人来看自己等。请学生根据日历表造句，并尽量多地使用"快要/快/就要/要……了"。

课堂活动

一、[我的日程]

让学生制作自己的日程表，用"快要/快/就要/要……了"说一说自己的日程。

二、[写一封信]

衔接课堂活动1"我的日程"，给父母写一封信，介绍自己目前的学习情况、生活情况以及下一阶段的计划。注意要使用语言点"快要/快/就要/要……了"。

练习与测试

一、从"快、快要、要、就要"中选择合适的词语填空。(可多选)

1. 我下周三 _____ 去旅行了。

2. 我们马上 _____ 毕业了。

3. 我妈妈 _____ 来北京看我了。

二、改错。

1. 我马上快要回国了。
   _____

2. 我们下周快要考试了,大家要开始复习了。
   _____

三、组句。

1. 春天 到 快要 了
   _____

2. 就要 他 下个月 中国 了 离开
   _____

48 越来越……；越……越……

语法意义及功能

"越来越……"和"越……越……"表示同一事物不同时期的比较，其程度随着时间的推移而产生变化；或表示同一事物不同条件下的比较，其程度随着条件的发展而发展。

语法知识储备

一、"越来越……"和"越……越……"都是现代汉语中的常用格式，后接形容词或动词，表示程度随着时间的推移而变化。

二、"越……越……"表示程度随着情况、条件变化而变化，前后主语可以不同，如"她越哭，我越着急"。

教学核心思路

一、利用图片导入，精讲多练。"越来越……"和"越……越……"的教学可从生活中的变化入手。

二、通过图片等直观形式引入例句，学生能够正确理解"越来越……"的用法，同时了解"越来越……"本身带有程度，不能再加"很、十分、多"等程度副词。也可以跟"越……越……"进行对比。最后设计"情境问答"等活动，让学生熟练掌握语言点的用法。讲解时可以先导入"越来越……"，然后再转换成"越……越……"。很多情况下两者可以互相转化。

三、注意:"越来越……"后面一般要加"了"。

偏误

[误加] 误加程度副词"很、十分、多"。

*天气越来越很热。

*天气越来越十分热了。

*天气越来越热多了。

课堂描述

"越来越……"表示程度随着时间变化,"越……越……"表示程度随着情况、条件的变化而变化。

导入

教师出示图片,图片上展示小男孩儿的年龄和身高信息:7岁,120cm;9岁,140cm;11岁,150cm。

扫描二维码
获取图片

师:小朋友7岁的时候是120cm,9岁的时候是140cm,现在是150cm,他长高了吗?

生:他长高了。

师:我们可以说"他越来越高了"。

生:他越来越高了。

师:也可以说"他越长越高了"。

生:他越长越高了。

肯定范例及结构

玛丽越来越高了。
[主语＋越来越＋形容词＋了]

我越来越喜欢学汉语了。
[主语＋越来越＋动词短语＋了]

他越长越高了。
[主语＋越＋动词＋形容词＋了]

否定范例及结构

他越来越不开心了。
[主语＋越来越＋不＋形容词＋了]

他越来越不喜欢跳舞了。
[主语＋越来越＋不＋动词短语＋了]

疑问范例及结构

他的成绩越来越好吗？
[主语＋越来越＋形容词＋吗]

操练

[情境问答]

1. 最近天气很热，昨天22℃，今天25℃。用"越来越……"怎么说？

2. 快考试了，上周他每天学习2个小时，昨天他学习3个小时，今天他学习4个小时。用"越来越……"和"越……越……"怎么说？

3. 某某同学第一次考试得了80分，第二次考试得了85分，这次考试得了90分。用"越来越……"怎么说？

4. 前天的天气是25℃，昨天是29℃，今天是33℃。用"越来越……"怎么说？

5. 你们刚开始说汉语只能说几个词，后来可以说短句子，现在可以说很长的句子了。用"越来越……"和"越……越……"怎么说？

课堂活动

一、[造句大比拼]

教师准备词卡，如"热、冷、乱、干净、高、大、简单、难、好"等。上课时将学生分成两组，教师出示词卡，要求学生用"越来越……"和"越……越……"造句。造句多且正确的小组获胜。

二、[说变化]

1. 玛丽越来越漂亮了。
2. 他长得越来越高了。
3. 她越长越漂亮了。
4. 他越长越高了。

三、[我的学习生活]

两个学生一组，用"越来越……"和"越……越……"说一说对方学习、生活等方面的变化。

练习与测试

根据提示用"越来越……"和"越……越……"造句。

1. 天气_____。

2. 他的汉语_____。

3. 这里的菜_____。

4. 我的衣服_____。

5. 中国的高铁_____。

49 又……又……

语法意义及功能

"又……又……"表示几个状态、动作、情况累积在一起。

语法知识储备

一、"又……又……"是汉语中的一个固定格式,格式中常出现形容词或形容词性短语、动词或动词性短语等。

二、"又……又……"中出现的成分多属于同类的性状或动作,且感情色彩相同。

三、"又……又……"常用来表达说话人的主观情感,如:"这个房间很大,也很干净"是一般的陈述,而"这个房间又大又干净"则更能体现说话人的主观情感。

教学核心思路

一、采用实物展示和视频展示等方法进行讲解和操练。

二、引导学生对生活中的常见事物或事件进行描述和评价,并用"又……又……"表达出来,进而表达自己的感情。

三、提醒学生注意,格式中的形容词、动词要么都是好的意思,表达喜欢的感情,要么都是不好的意思,表达不喜欢的感情。

偏误

一、[错序]"又……又……"位置有误。句子是主谓谓语句时,"又"应该放在小主语后面。

＊他又学习认真又努力。

二、[误加]"又……又……"中的形容词前误加程度副词。

＊这家饭馆的菜又很好吃又很便宜。

三、[误用]"又……又……"中的两个形容词或动词的语义范畴、感情色彩不一致。

＊她又高又学习不好。

课堂描述

"又……又……"的意思是两个动作、状态的相加。

导入

一、上课时,教师带一包苹果或者从超市买来的其他东西,上面最好贴有价签,请学生先进行描述,再品尝,最后查看价格,引导学生一步步说出含有"又……又……"的句子。

师:大家看,这是什么?

生:苹果。

师:苹果大吗?红吗?

生:苹果又大又红。

师：老师请大家吃苹果。苹果甜吗？好吃吗？

生：苹果又甜又好吃。

师：你们看，这些苹果一共9块钱，便宜吗？

生：很便宜。

师：苹果很好吃，也很便宜，用"又……又……"怎么说？

生：这些苹果又好吃又便宜。

师：那你们想买吗？

生：想买。

二、老师在课堂上播放一段聚会的视频，请学生用"又……又……"描述聚会的欢乐场面。

师：大家在做什么呢？

生：大家在唱歌/跳舞。

师：用"又……又……"怎么说？

生：大家又唱歌又跳舞。

师：大家高兴吗？

生：非常高兴。

师：那两个句子一起说！

生：大家又唱歌又跳舞，非常高兴。

❀ 肯定范例及结构

我的宿舍又大又干净。

[主语＋又＋形容词₁＋又＋形容词₂]

我们又唱歌又跳舞。

[主语＋又＋动词₁＋又＋动词₂]

🞗 操练

[看图说话]

引导学生根据图片或者视频等给出的情境，用"又……又……"对人、事物和动作等进行多角度的描述。目标语句如：

1. 这个房子又大又便宜。
2. 他又高又帅。

扫描二维码
获取图片

🞗 课堂活动

一、[买房子]

两人一组，模拟买房子时看户型图的情境，用"又……又……"描述房子的特点并表达自己的观点。目标语句如：

1. 这个房子又大又便宜，我想买。
2. 这个房子又小又贵，我不喜欢。

二、[选班长]

班级要选班长，让学生们说说自己想选谁，并用"又……又……"说一下选这个人的原因。目标语句如：

1. 我选A，因为他又高又帅。
2. 我选B，因为她又漂亮又热情。

3. 我选C，因为他学习又认真又努力。

练习与测试

一、用"又……又……"回答问题。

1. A：食堂的饭菜怎么样？
   B：_____。

2. A：你为什么常去这家超市买东西？
   B：_____。

二、组句。

1. 超市 多 这家 的 又 东西 又 便宜
   _____

2. 长 电影 又 那 没意思 又 个
   _____

50 一……也/都+不/没……

🌐 语法意义及功能

"一……也/都+不/没……"表示通过对最小量的否定来完全否定,具有全称否定的性质。

🌐 语法知识储备

一、在现代汉语中,表达完全否定的语义时,除了可以在否定词前加"完全、根本"等程度副词以外,还经常使用"一……也/都+不/没……"句式。该句式通过对最小量的否定来表示全量否定,意思是"完全不、完全没有"。

二、如果"一……也/都+不/没……"句式涉及的是表示具体的人或事物的可数名词,"一"的后面通常用量词,如"他一个字都没看过"。

三、如果"一……也/都+不/没……"句式涉及的是抽象名词(不可数)、形容词、心理动词、能愿动词等,"一"的后面通常要加"点儿",如"他一点儿水都不想喝""他一点儿都不喜欢她"。

🌐 教学核心思路

一、结合情境,采用问答法进行讲练。

二、先提问,引入错序的否定句;然后调整顺序,让学生领会

"一……也/都＋不/没……"句式；最后改写否定句，让学生明白该句式的意义。

三、注意：学生容易出现语序方面的偏误，教师在教学过程中要加强讲练。

❀ 偏误

一、[**错序**]"一＋量词＋名词"结构或名词位置有误，应该放在主谓之间。

＊我也不喝一杯酒。

二、[**遗漏**]量词遗漏。在"一＋量词（＋名词）＋也/都＋不/没……"结构中，"一＋量词"不能缺省，名词有时可以省略。因此，下句中"一"和"钱"之间应该加上量词"分"或"毛"。

＊我一钱也没有。

三、[**误用**]否定词混淆使用。"喜欢"是心理动词，对它的否定应该用"不"。

＊她一点儿也没喜欢他。

❀ 课堂描述

"一……也/都＋不/没……"的意思是"完全不、完全没有"，用来加强否定。

🔬 导入

师：你有日文书吗？（确保被提问的学生没有）

生：没有。

师：一本也没有？

生：一本也没有。

师：可以说："我一本日文书也没有。"（板书）

师：你去过长城吗？

生：没去过。

师：真的没去过啊？

生：没去过。

师：可以说："我一次长城也没去过。"

师：现在外面很热，但是教室里面有空调，教室里热吗？

生：不热。

师：完全不热，我们可以说："教室里一点儿也不热。"（板书）

师："一……也不／也没……"或者"一点儿也不／也没……"表示"完全不、完全没有"。

🔬 否定范例及结构

我一本日文书也没有。

[主语＋一＋量词（＋名词）＋也／都＋没＋有]

我一支烟都不抽。

我一次长城都没去过。

[主语＋一＋量词（＋名词）＋也／都＋不／没＋动词／动词短语]

我一点儿力气都没有。

[主语＋一点儿（＋名词）＋也／都＋没＋有]

我一点儿东西也不想吃。

[主语＋一点儿（＋名词）＋也／都＋不／没＋动词短语]

疑问范例及结构

你一本日文书也没有吗？

[主语＋一＋量词（＋名词）＋也／都＋没＋有＋吗]

你一支烟都不抽吗？

你一次长城都没去过吗？

[主语＋一＋量词（＋名词）＋也／都＋不／没＋动词／动词短语＋吗]

你一点儿力气都没有吗？

[主语＋一点儿（＋名词）＋也／都＋没＋有＋吗]

你一点儿东西也不想吃吗？

[主语＋一点儿（＋名词）＋也／都＋不／没＋动词短语＋吗]

操练

一、[用指定结构改说句子]

教师给出全量否定句，让学生用"一……也／都＋不／没……"改写句子。例如：

1. 我从来不喝酒。
2. 她从来没去过长城。
3. 小李从来没吃过烤鸭。
4. 我真的没有钱。
5. 她完全听不懂汉语。

二、[快问快答]

教师根据情况快速提问,要求学生用"一……也/都+不/没……"回答。例如:

1. 你去过长城吗?
2. 你吃过臭豆腐吗?
3. 你抽烟吗?
4. 你喝酒吗?
5. 刚来中国的时候,你听得懂汉语吗?
6. 外面太冷了,你想出去吗?

课堂活动

一、[猜一猜]

教师将若干种状况写在词卡上,如"牙疼、脚疼、很累、失恋了",让学生任选一种状况,用"一……也/都+不/没……"进行描述,如"我一口东西都不能吃"。提醒学生别说出这种状况的名称,让其他学生猜猜描述的是哪种状况。教师可以将学生说的句子写在黑板上,帮助学生进一步巩固和积累。

二、[你问我答]

计时问答并计分。将学生分成A、B两组,教师展示图片,如"空钱包、空购物车、空房间、拥挤的地铁"等,A组提问,如"钱包里还有钱吗?/她买东西了吗?/房间里有人吗?/坐地铁舒服吗?"B组用"一……也/都+不/没……"句式回答。

扫描二维码
获取图片

在规定的时间内,问对1句得1分,答对1句也得1分,问答轮流进行,最后根据分数多少定输赢。

注意:教师可以在图片下面附若干提示词,以降低学生问答的难度。

练习与测试

一、组句。

1. 上海 一次 也 没 去过 我

　　_____

2. 我 牛奶 一口 不 喝 都

　　_____

二、用括号中的结构完成对话。

1. A:你听得懂他说的话吗?

　　B:听不懂,_____。(一……也/都+不……)

2. A:你看过美国电影吗?

　　B:没有,_____。(一……也/都+没……)

51 除了……（以外），……还/也/都……

语法意义及功能

"除了……（以外），……还/也/都……"表示附加相同或排除特殊。

语法知识储备

一、"除了……（以外），……还/也……"表示排除已经知道的特定对象 A，补充说明别的对象 B，即 A 和 B 相同，如"今天除了杰克以外，玛丽也没来"。

二、"除了……（以外），……都……"表示在某个特定范围内，排除其中一部分，其他部分都有相同的情况，如"今天除了杰克以外，其他同学都来了"。

三、如果两个分句的主语不同，第一个主语要放在"除了"的后面，第二个主语要放在"还/也/都"的前面，如"除了我会说汉语，我们班其他同学也会说"。

四、如果两个分句的主语相同，那么主语既可以放在第一个分句前，如"我除了会说汉语，还会说英语"，也可以放在第二个分句前，如"除了汉语，我还会说英语"。

教学核心思路

一、利用班级中学生的实际情况创建语境进行操练。

二、利用班级中学生的共同特点引导附加式"除了……（以外），……还/也……"，如某几个学生具有同一国籍；利用班级中的真实情况引导排除式"除了……（以外），……都……"，如谁没来上课、某次活动谁没去等。

三、注意："除了……（以外），……还/也/都……"有附加和排除两种语义，都需要练习。练习的顺序可以根据学生的实际情况决定，哪一种更容易引出就先练习哪一种，熟练掌握后再练习另一种。

❀ 偏误

一、[误用]"都"与"还"混淆。语义为附加时，使用"还"；语义为排除时，使用"都"。下句在语义上表示附加，应该使用"还"。

＊我除了长城以外，都去过故宫和颐和园。

二、[误用]"都"与"还"混淆。语义为附加时，使用"还"；语义为排除时，使用"都"。下句在语义上表示排除，应该使用"都"。

＊我们班除了麦克以外，大家也来了。

❀ 课堂描述

"除了……（以外），……还/也……"的意思是前后两个分句表示的情况一样。"除了……（以外），……都……"的意思是前后两个分句表示的情况不一样。

导入

一、附加式：除了……（以外），……还/也……

师：我们班哪个国家的同学最多？

生：日本。

师：我们还有哪些国家的同学？

生：韩国、美国、意大利、加拿大……

师：我们可以说"除了日本同学以外，我们班还有……"

生：除了日本同学以外，我们班还有美国、意大利、加拿大的同学。

二、排除式：除了……（以外），……都……

师：我们班谁是中国人啊？

生：老师。

师：其他人呢？

生：都是外国人。

师：我们可以说"除了老师以外，我们班都是……"

生：除了老师以外，我们班都是外国人。

肯定范例及结构

我除了会说汉语，还会说英语。

我除了会说汉语，也会说英语。

我除了会说汉语以外，还会说英语。

我除了会说汉语以外，也会说英语。
[主语+除了+A（+以外），还/也+B]

除了我会说汉语，我们班其他同学也会说汉语。
除了我会说汉语以外，我们班其他同学也会说汉语。
[除了+主语₁+A（+以外），主语₂+也+A]

除了玛丽以外，大卫、珍妮、山本都去过长城。
[除了+A（+以外），B、C、D+都……]

操练

[说经历]

两到三人一组，用"除了……（以外），……还/也/都……"回答下面的问题。括号里为教师可以引导的内容。

1. 你喜欢吃什么菜？你有什么不喜欢的菜？
2. 你去过哪些地方？（北京的、中国的、世界的）
3. 这学期你有哪些课程？（综合、听力、口语、阅读、写作）
4. 你看过哪些中国电影？（爱情片、功夫片）

课堂活动

一、[介绍经历]

介绍自己去过的地方以及这个地方的特点。

提示：

我去过很多地方，除了……以外，我还……我来介绍一下……这个地方很漂亮，除了……以外，……

二、[小调查]

1. 除了食堂以外，学校周围还有哪些吃饭的好地方？

2. 除了图书馆以外，还可以去哪些地方学习？

3. 除了自己的大学以外，周围还有哪些大学？

4. 除了可以住在宿舍以外，还可以住在哪里？

练习与测试

一、完成对话。

A：今天你都有什么课？

B：除了_____。

A：你们每天都有课吗？

B：对，除了周末_____。

二、组句。

1. 除了 以外 踢足球 我 喜欢 还 打篮球

   _____

2. 除了 以外 跑步 都 喜欢 别的运动 我

   _____

3. 除了 以外 杰克 同学 来 都 了 别的

   _____

三、用"除了……（以外），……还/也/都……"改写句子。

1. 我喜欢唱歌，喜欢跳舞。
   _____

2. 我喜欢唱歌，我姐姐喜欢唱歌。
   _____

3. 我喜欢苹果，喜欢西瓜。
   _____

4. 我不喜欢吃苹果，喜欢吃别的水果。
   _____

52 进行态：正在 + 动词

🌐 语法意义及功能

"正在 + 动词"强调说话的时候动作正在进行、状态正在持续。

🌐 语法知识储备

汉语中表示动作的进行时，主要是在动词前加"在、正、正在"，在句尾用助词"呢"，构成"在 / 正 / 正在……呢"句式。在动词前面加副词"正在"是进行态的表达方式之一。其特点如下：

1. 副词"正在"用在动词及动词短语前，句尾往往有"呢"，形成"正在……呢"句式。句尾的助词"呢"既可以单用，也可以与副词"正在"同时出现。

2. 出现在进行态中的动词是有限制的，必须是表示动作行为的动词，不能是表示心理、感知、判断、能愿、使令以及存在、出现、消失等的动词。

3. 进行态中的动词后面不能出现数量短语和动补短语，进行态不能出现在存现句中，也不能出现在表示动作先后发生或表示伴随动作的连动句中。

4. 在进行态的表达中，"正在"不能出现在否定句中，不能和动词的重叠形式同时出现，动词前面不能加"一直、总"等副词，句末不能再用"了"；表静态持续时，"正在"与"着"不能同时出现。

5. 注意"正、在"与"正在"的区别。"在"主要表示动作进行的过程,侧重动作进行的状态;"正"强调动作进行的时刻,侧重动作进行的时间;"正在"相当于"正 + 在",既强调动作进行的时间又强调其状态。

教学核心思路

一、此语言点适合通过图片展示或动作演示等方法导入。遵循训练加体验原则,循序渐进,分阶段进行教学。

二、在学习进行态的基础阶段,应该先学习"在"和"正",并通过情境对比把两个副词的用法区别开来。在基础阶段以后,再分别学习"呢"和"正在"。此外,注意提示学生在什么情况下动词或动词短语前的"正在"要与句尾的助词"呢"同现。

三、注意:1. 学生在学习进行态时,偏误主要发生在副词"正在"出现的条件上,因此教师要设置情境让学生多加练习;2. 可通过对比帮助学生区分动作的完成态、变化态、经历态、持续态和进行态等,并对动作的各种态稍做辨析。

偏误

一、[误加]"正在"与动词重叠形式同时出现。
*我正在看看(呢)。
*我正在休息休息(呢)。

二、[误加] 否定句中误加"正在"。
*我没有正在看书。

*我没正在看电视。

三、[误加] 表静态持续时,"正在"与"着"同时出现。
*她正在戴着一顶红帽子,非常漂亮。

四、[误加] 用"正在+动词"表达进行态的句子中误加"了、过"。
*他正在听了新闻。
*我们正在复习过课文。

 课堂描述

表示一个人正在做什么或者一个地方正在发生什么。

导入

教师出示看电视的图片,直接提问,请学生回答。

师:他正在做什么?

生:他正在看电视。

扫描二维码
获取图片

教师根据课堂情况,提问与事实不相符的情况。

师:你正在看电视吗?

生:我没有看电视。

师:你现在正在干什么?

生:我正在上课呢。

第四部分　固定格式

🏵 肯定范例及结构

我正在上课。

我正在看书呢。

[主语＋正在＋动词（＋宾语）＋（呢）]

外面正在下雨。

外面正在下雨呢。

[处所＋正在＋动词（＋宾语）＋（呢）]

🏵 否定范例及结构

我没有看书。

我没有在看书。

我没看书。

我没在看书。

[主语＋没（有）（＋在）＋动词（＋宾语）]

外面没有下雨。

外面没下雨。

外面没在下雨。

[处所＋没（有）（＋在）＋动词（＋宾语）]

🏵 操练

一、[我说你做]

采取动作演示法操练，教师做出喝水、睡觉、吃饭、打球等动作，并进行提问。

师：老师正在做什么？

生：老师正在……

二、[实话实说]

教师提问，学生根据实际情况回答。例如：

大卫，昨天晚上八点你在做什么？今天早上七点半你正在做什么？你现在正在做什么？

课堂活动

一、[你做我说]

学生三人一组，教师提前准备好写有动词或动词短语的卡片，如"吃饭、睡觉、打球、听音乐、购物"等，让一位学生抽一张卡片并将卡片上的内容表演出来，其他学生描述他/她正在做什么。依此类推。

二、[你说我做]

学生两人一组，一人说："我看见你的时候，你正在……"另一人照此做动作，同时说："他看见我的时候，我正在……"（教师可以事先给出一些提示词语，如"踢球、打电话、跳舞、写作业"等）

练习与测试

一、用"正在"完成句子。

1. 老师_____，你下午再来吧。（开会）

2. 妈妈_____，你去帮帮她。（做饭）

3. 外面_____，咱们别出去了。（下雨）

4. 大卫_____，你等一会儿。（打电话）

5. 他_____，你别叫他。（上课）

二、组句。

1. 正在 电视 他 看

   _____

2. 老师 黑板 正在 擦

   _____

3. 聊天儿 我 跟 正在 朋友

   _____

4. 这位 写 正在 小说 作家

   _____

三、看图说话，用"主语＋正在＋动词（＋宾语）"描述图片。

扫描二维码
获取图片

1. 她正在画画儿。

2. 他正在开车。

3. 他正在踢球。

4. 他正在弹吉他。

四、用"没(有)(+在)+动词(+宾语)"或者"正在+动词(+宾语)"回答问题。

1. 老师进教室的时候,你正在干什么?

2. 你正在做作业吗?

3. 昨天晚上10点钟你正在干什么?

第四部分　固定格式

53 "的"字短语

❀ 语法意义及功能

"的"字短语指称人或事物，具有名词性质，在句中做主语或者宾语。

❀ 语法知识储备

一、"的"字短语是将助词"的"附着在名词、代词、形容词、动词、主谓短语、动宾短语后面，具有名词性质，指代人或事物，如"他说的不对"，其中"他说的"指代"他说的话"。

二、有些"的"字短语所指的人或事物没在上下文中出现，但不需要指明，意思也清楚，因为"的"字短语可以将具体的人或事物"类化"，具有指称功能，如"吃的、喝的、开车的"。

三、"的"字短语在句中可以做主语、宾语，如"新的是你的，旧的是我的"。

❀ 教学核心思路

一、通过看图说话、情境对话等方法引出该语言点。

二、首先从帮助学生理解结构入手，教师展示图片创设情境或直接提问，让学生了解"的"字短语的基本结构及其名词性句法功能（做主语和宾语）；其次，要强化"的"字短语与"的"字结构做定语的差异，加强学生对"的"字短语类化功能的认识；最后学生能够使用"的"字短语组成正确完整的句子，而且能够根据实际语境和场景突显"的"字短语的语用条件（指称）。

三、注意："的"字短语可以将具体的人或事物"类化"，功能相当于名词，教师要提醒学生结构助词"的"不可省略。

偏误

[**遗漏**] 遗漏"的"字短语中的结构助词"的"。

＊苹果你要大还是小？

课堂描述

"的"跟在别的词或短语后面，表示人或事物，相当于一个名词。

导入

教师拿出一大一小两个苹果，通过实物道具来提问。

师：你要哪一个苹果？大的还是小的？

生：我要大的。

师：为什么呢？

生：大的比小的好吃。

第四部分　固定格式

肯定范例及结构

中国的

他的

大的

吃的

听到的

你说的

[名词／代词／形容词／动词／动词短语／主谓短语＋的]

操练

[情境对话]

1.学生两人一组，表演买衣服的场景。例如：

生$_1$：你要买什么样的裙子？长的还是短的？

生$_2$：我要长的。

生$_1$：你要黄的还是蓝的？

生$_2$：我要蓝的。

2.学生两人一组，表演买东西的场景。例如：

生$_1$：你要买吃的还是喝的？

生$_2$：我要买吃的。

课堂活动

一、[情境对话]

学生两人一组,选择不同的角色,例如商场售货员、商店老板、餐厅服务员、顾客等,进行情境对话。

二、[你问我答]

两人一组,用"的"字短语询问对方的爱好。例如:

1. 你喜欢哪个国家的菜?中国的还是泰国的?
2. 你爱看什么书?古代的还是现代的?
3. 你喜欢什么样的衣服?深色的还是浅色的?

练习与测试

一、组句。

1. 我 那件 喜欢 的 红

　　_____

2. 热 我 喝 的 要

　　_____

3. 这 新 买 是 的

　　_____

二、用"的"字短语完成句子。

1. A：你想要哪件衣服？

   B：我想要_____。

2. A：咖啡你要凉的还是热的？

   B：_____。

三、把下列句子改写成有"的"字短语的句子。

1. 妈妈买了两件衣服，这件红色衣服给我，那件蓝色衣服给弟弟。

2. 图书馆里有各种语言的书，有中文书，有英文书，有法文书。

第五部分　特殊表达

54 时间表示法（1）：年、月、号、星期

❀ 语法意义及功能

表达具体是哪年哪月哪天星期几。

❀ 语法知识储备

一、在学习"年、月、号、星期"之前，最好已学过"哪里、这里、在哪里、在这里"等词和短语，为复习环节的课堂活动奠定基础。学习"星期几"的表达之前，学生要先掌握汉字数字一～六；为了学习"月、号"的表达，学生要先掌握阿拉伯数字 1～31，这样才能保证学生学会如何表达"几月几号"。

二、汉语中的时间表达顺序与英语略有不同，汉语的时间表达顺序是"年、月、日/号、星期"。

三、口语中更常用的是"几号"，所以我们建议先教口语中常用的"……号"，而"星期日、几日、某日"这三个表达可以在下一次课复习"年、月、号、星期"之后再补充。

教学核心思路

一、这个知识点的教学内容繁多,从词语教学到句型教学都涵盖了,在教学中要体现出扩展法、循序渐进、由易到难、"小台阶一步一步搭长句"的教学思路。下面所述教学核心思路及相应的教学环节包括词汇教学和句型教学两大板块。

二、由易到难,由短到长,分四步进行教学。

第一步,首先复习阿拉伯数字1~10及对应的汉字,然后用实物教具日历来学习"星期"一词,同时操练"星期一"到"星期天"的说法;第二步,复习阿拉伯数字11~31,用实物教具学习"某月某号"及相应的问句,大量操练;第三步,学习年份的读法,比如"1980年、1998年、2000年、2002年、2230年"等;第四步,学习"……年……月……号星期……"的完整表达及相应的问句,操练的同时顺便记下学生们的生日。

导入之前,可以做两个课堂活动热身:带学生做数字1~10的手势,边做边领读,然后教师做学生说、学生做学生说;另外,还可教授歌曲活跃课堂气氛,比如"一二三四五六七,你的朋友在哪里?七六五四三二一,我的朋友在这里"。这些课堂热身活动视学生学能情况而定,也可只教前两句"一二三四五六七,你的朋友在哪里"。

三、注意:学习这个语言点时,教师必须重视问句的表达,不能忽视问句的操练。肯定范例我们既给出了短语级的,也给出了句子级的。

偏误

一、[误用]"星期天"的表达错误地使用"七"。

* 星期七

* 礼拜七

二、[**错序**] 否定词"不"的位置有误或者"……年"的位置有误。

* 今天是不星期三。

* 今天是 12 月 31 号 2019 年星期二。

三、[**误读**] 阿拉伯数字年份的读法有误。

* "1978 年"误读为"一千九百七十八年"。

* "2018 年"误读为"二十十八年"。

❀ 课堂描述

"星期一、星期二、星期三、星期四、星期五、星期六、星期天、……年……月……号"表示时间。

❀ 导入

[情境导入]

教师拿教具日历翻到上课当天，指着当天星期几的地方领读，比如当天是星期二就读星期二；继续翻看日历，领读其他星期表达；最后操练"星期一"到"星期天"的读法和写法。

❀ 肯定范例及结构

星期天

[**星期**＋一／二／三／四／五／六／天]

2022年2月28号

2022年2月28号星期一

[……年……月……号（+星期+一/二/三/四/五/六/天)]

今天是2022年3月5号星期六。

[今天+是+……年……月……号（+星期+一/二/三/四/五/六/天)]

否定范例及结构

今天不是星期三。

[今天+不+是+星期+一/二/三/四/五/六/天]

今天不是2022年3月6号。

[今天+不+是+……年……月……号]

疑问范例及结构

星期几？

今天星期几？

[(今天+)星期+几]

几月几号？

几月几号星期几？

[几+月+几+号（+星期+几)]

今天是几月几号星期几？

[今天+是+几+月+几+号+星期+几]

第五部分　特殊表达

🔬 操练

一、[闪进闪出 12 个月]

教师在 PPT 上做好 12 个月的日历大照片，轮流闪进，学生快速读出。既可按升序从 1 月到 12 月快速认读，也可按照声调等规律闪进闪出，比如"1 月、3 月、7 月、8 月；10 月、11 月、12 月；5 月、9 月；2 月、4 月、6 月"。（注意：这个操练属于短语层级的操练，暂时不扩展到句子层级）

二、[闪进闪出 31 天]

与上述"闪进闪出 12 个月"的做法相同，可以按照"1 号、11 号、21 号、31 号；2 号、12 号、22 号；3 号、13 号、23 号……9 号、19 号、29 号；10 号、20 号、30 号"的方式闪进闪出，快速认读日期。（注意：这个操练属于短语层级的操练，暂时不扩展到句子层级）

三、[时间的长河]

用"时间的长河"操练年份的读法：教师在黑板上画一条长长的箭头，在卡片上写好具体的年份，比如"1673、1725、1840、1978、1998、2000、2002、2018、2030"等，卡片倒扣粘贴在箭头上下两侧（类似地铁里地铁站名的排列方式），随机翻转一张并要求学生大声读出来。（注意：这个操练属于短语层级的操练，暂时不扩展到句子层级）

四、[你问我答]

用自制日历操练"几月几号星期几"。教师提前圈好日历上的某一天并提问"几月几号星期几"，让学生回答；然后学生 A 翻日历随机选一天并提问"几月几号星期几",学生 B 回答,如此一个学生接一个学生循环问答,最后一名学生问教师,教师回答。

注意:1. 必须操练问句的表达;2. 这个操练属于句子层级的操练,即有些语法书所说的句型操练,要引导学生说出完整的问句和答句。

❀ 课堂活动

一、[谁的小火车最棒]

教师准备两套卡片,每套 7 张,在卡片上写出星期一到星期天的英文注释,并留出足够的位置供学生书写星期一到星期天的汉语写法。

全班学生分为 A、B 两组,每组分一套卡片。分到卡片后要求学生先填写卡片上的空白处(看拼音写汉字或汉字描红),再快速按照星期一到星期天的顺序排成一队。

只要是排好队列的组都能得分,最迅速的小组多得 2 分。

二、[小调查——你的生日是几月几号]

发调查表格,左列是学生名字,右列写着"__月__号"。把老师的生日放在表格第一行做示范,比如"张老师,3月15号"。四人一组,组内调查、填表,小组派代表汇报调查结果。汇报结束后,教师讲评总结。

❀ 练习与测试

一、用"年、月、号、星期"填空。

1. 我的生日 3_____15 号。

2. 她的生日不是 2000_____4 月 18 号。

3. 12 月 25_____是圣诞节。

4. 今天不是_____大，是星期六。

二、根据课堂活动"小调查"，要求学生在教师自制的日历上圈画出小组同学的生日并大声读出来。

55 时间表示法（2）：点、分、刻、秒

🔷 语法意义及功能

表达具体的时间点。

🔷 语法知识储备

一、学习"点、分、刻、秒"的表达之前学生至少应已学过阿拉伯数字 0～59，这样才能顺利学会如何表达"点、分、刻、秒"，为时间点的学习做好铺垫。

二、汉语的时间表达中"年、月、日/号、星期"的日常使用频率远远高于"点、分、刻、秒"，尤其是高于"分、刻、秒"。因此，课堂上操练和测试的重点应集中在最常用的形式上。

三、"差几分几点"和"差几刻几点"这两种形式学生学习时容易出现语序错误。如果相差十分钟以内，用"差几分几点"；如果正好差十五分钟，可以说"差一刻几点"；如果不是这两种情况，一般会直接说"几点……（分）"，如"8 点 42"。

四、本书采用"点、分、刻、秒"的名称，是为了便于学生记忆，因为学生要练会、学会的就是"……点……分，……点……分……秒，……点……刻"。

第五部分 特殊表达

❀ 教学核心思路

一、与时间表示法（1）的教学思路相似，以下教学核心思路及相应的教学环节也包括词汇教学和句型教学两大板块。

二、由易到难，分四步进行教学。

第一步：复习阿拉伯数字 1～12，用实物教具钟表来学习表达"几点"和"几点半"，操练"1点、2点……12点"及"1点半、2点半……12点半"等 24 个短语。

注意：教师一定要控制好课堂用语，不说这个训练目标以外的词语，要集中操练，每次练会、练熟一个目标语言点。以下步骤的操练要求与此相同。

第二步：加入问句"现在几点"的学习和操练，用实物教具或 PPT 上的图片大量操练问句和答句，答句控制在上述 24 个短语范围之内，设计并实施相应的课堂活动。

第三步：复习阿拉伯数字 13～59，学习"几分""几秒"的读法，操练"几点几分几秒"。

第四步：学习"几刻"的表达，用实物教具或 PPT 上的钟表图来学习"一刻""三刻""几点一刻"和"差一刻几点"。

三、注意：导入之前，可以先进行复习环节的课堂活动。例如，教师可提前在黑板上把 1～12 按表盘样式写成圆圈状，让学生分组用计时比赛的方式正序及逆序朗读，教师负责计时和适当纠音。

❀ 偏误

一、[误读]"两点"误读为"二点"。

*"2:00"读为"二点"。

二、[错序]"差几分几点"或"差几刻几点"的表达学生掌握得不好，有时候会出现语序错误。

＊十分差两点

＊一刻差三点

课堂描述

10 点 10 分

下午 2 点

晚上 7 点 20

（教师将真实的电子表或挂钟展示给学生看即可，不必用汉语过多解释；也可以给出一张钟表图，上面的数字要特别清楚）

导入

[情境导入]

教师准备一个用大纸卡做的表盘，调整到某个具体时间并领读，例如：

7 点

11 点 45（分）

九点三刻

差 7 分 10 点

差一刻十二点

肯定范例及结构

现在 7 点。
[现在+数字（0～24）+点]

现在 8 点 10 分。
{现在+数字（0～24）+点+数字（1～59）+分 [+数字（1～59）+秒]}

现在 3 点半。
[现在+数字（0～24）+点+半]

现在差 7 分 10 点。
[现在+差+数字（一般是 10 以内）+分+数字（0～24）+点]

现在差一刻 12 点。
[现在+差+一+刻+数字（0～24）+点]

现在九点一刻。
现在十二点三刻。
[现在+数字（一～十二）+点+一／三+刻]

疑问范例及结构

现在几点？
[现在+几+点]

操练

一、[按照声调规律读时间]

教师根据声调规律快速领读、点读。按照1～12这12个数字的声调顺序做好PPT，教师领读后快速点读，以便学生掌握好语流音变，尤其是两个三声连读的变调。例如：

1点、3点、7点、8点

4点、6点

5点、9点、2点（注意："2"要读为"liǎng"）

10点、11点、12点（注意："12"要读为"shí'èr"）

注意："几点半"的操练亦可采用这种方式，这个操练属于短语层级的操练，暂时不扩展到句子层级。

二、[拍手游戏]

快速复习阿拉伯数字1～59，操练"几分"，可以玩儿"逢3拍手游戏"，数字里有3或是3的倍数时拍手。如"1分、2分、3分（不读出，只拍一下手）、4分、5分、6分（不读出，只拍一下手）"，依此类推。操练"几秒"可以玩儿"逢4拍手游戏"。

教师还可以根据学生年龄、班级人数自主决定逢几拍手。

注意：这个操练属于短语层级的操练，暂时不扩展到句子层级。

三、[接龙问答]

教师拨动表盘上的时针和分针，并向学生提问。例如：

师：现在几点？

生$_1$：现在八点。

生$_1$问生$_2$：现在几点？

生$_2$：现在十一点。

最后一名学生问教师,教师回答。

注意:1. 必须操练问句的表达;2. 这个操练属于句子层级的操练,即有些语法书所说的句型操练,要求学生能说出完整的问句和答句。

🌸 课堂活动

一、[填表格——现在几点?]

两人一组,学生 A 画 5 行 5 列的表格,每 1 行都写上三个时间点,要能让其他人看出三个时间点之间的间隔规律,如半个小时、一个小时、两个小时等。学生 B 需要动脑筋想出三个时间点的间隔规律并在表格的空白处填上时间。如第一行为"7 点、____、9 点、____、11 点",学生 B 应在空白处填上"8 点"和"10 点"。

二、[老狼,老狼,几点了?]

这是一个适合低龄孩子的课堂游戏。教室里的桌椅需要提前放在墙边,以避免磕碰。教师提前做一个画着老狼的纸帽子,并戴着帽子往前走,学生们扮演小羊紧跟其后,并一起问:"老狼,老狼,几点了?"教师随意回答,整点、半点都可以,但是一旦回答"12 点"的时候,"老狼"就转身去抓"小羊",抓到谁,谁就接着来当老狼。

三、[击鼓传花游戏]

在 PPT 上做一个可以转动的钟表,发给学生一个布偶。教师敲黑板,同时 PPT 上的钟表开始走动,喊停的时候布偶在谁手里,谁就说出 PPT 上钟表的时间。

练习与测试

用"点、刻、半"填空。

1. 现在几_____？

2. 每天早上七点三_____我骑车去学校。

3. 我们每天早上八点_____上课。

4. 昨天晚上十点一_____她就睡觉了。

56 基数词：整数、分数、小数

🧬 语法意义及功能

基数词表示数目的多少。

🧬 语法知识储备

一、数词是表示数目的词，可以分为基数词和序数词。基数词是表示数量多少的数词，可以用来表达整数、分数、小数。

二、整数读数时，要把系数词和位数词结合起来，系数词（零或0、一至九）在前，位数词（如"十、百、千、万、十万、百万、千万、亿"等）在后。

三、分数读数时，从分母开始读，分母和分子都按数字读出，如"3/5"读作"五分之三"。

四、小数读数时，小数点前的部分按整数读法读，小数点后面的数字要一个一个读出，"."读作"点"。如"11.23"读作"十一点二三"。

五、注意以下特殊读法：

1. 房间号码、电话号码、年代等直接读数字，不加位数，"1"可读成"yāo"。

2. "0"在一长串数字中要读出来，连续几个"0"只读一个，"0"在末位时不读。

3. 注意："二、两"都表示"2"，但用法不同，单独在量词前读"两"，如"两个、两位"；用在两位数的数字中时读"二"，如"二十一、六十二"。

教学核心思路

一、根据实际情况创设语境，结合图片和实物等道具教会学生正确读数。

二、帮助学生区别不同基数词的表达方式，引导学生准确地读出整数、分数、小数。整数读法的教学可以分两段进行，先教"万"以下的读数法，再教"万"以上的读数法，要特别注意训练学生进行单位转换。此外，一些特殊数字的读法也要教给学生，如"0"和"两、二"等。

三、注意：整个数词教学应该围绕读数法展开，因此出示写有各种整数、分数、小数等数字的图片，带领学生反复朗读是必不可少的。

偏误

一、[**误读**] 一百以上的数字，最后一个单位上的"0"可不读。
＊"310"误读作"三百一零"。

二、[**遗漏**] 漏读多位数中间的"0"。
＊"1010"误读作"一千一十"。

课堂描述

基数词表示数目的多少。

第五部分　特殊表达

❁ 导入

[根据实际情况，用实物法和提问法导入]

师：大家看老师有几本书？

生：老师有三本书。

师：你几岁了？

生：我 10 岁了。

❁ 肯定范例及结构

零、一、二、三、四、五、六、七、八、九
[整数 0～9 的读法]

十、百、千、万、十万、百万、千万、亿
[位数词]

二分之一
三分之二
[分数：数字 + 分之 + 数字]

1.5
0.8
[小数：数字 + 点 + 数字]

❁ 操练

一、[读数字]

1. 中国的陆地面积：960 万平方千米

2. 中国的民族：56 个
3. 中国人口约占世界人口的 1/5

二、[读数字]
3.1415926　0.678　3/5　7/8

🌸 课堂活动

一、[你说我记]

两个学生一组，学生 A 打电话请学生 B 周末来自己家玩儿。在电话里学生 A 告诉 B 自己的家庭地址（如什么路 / 街、多少号楼及房间号）、联系方式（手机或电话号码）、交通方式（乘坐的地铁或公交车线路），学生 B 把以上信息记在纸上，再说给 A 听一下。如：学院路 15 号北京语言大学 21 号楼 918，电话 13121866506，坐地铁 13 号线在五道口站下车。

二、[说价钱]

说说你身边的东西多少钱，如电脑、T 恤、汉语书、书包、手机等。

🌸 练习与测试

看图填空。

小明一共看了_____个书包，价格最高的是_____元，价格最低的是_____元。这个黄色书包的价格是_____元，很便宜，他喜欢这个书包。

第五部分　特殊表达

57 序数词

❁ 语法意义及功能

序数词表示次序的先后。

❁ 语法知识储备

一、数词是表示数目的词，分为基数词和序数词。

二、序数词是表示次序先后的数词。汉语序数的基本表示法是在整数前加"第"，如"第一、第三"。

三、汉语中有些序数不需要"第"，如：

1. 表示年、月、日，如"2019 年 3 月 25 号"；

2. 表示级别，如"头等、二等"；

3. 表示编号，如"一班、二年级、四楼"；

4. 表示列举，如"一、开会；二、报告"；

5. 表示家庭成员的排列顺序，如"老大、老二"；

6. 表示车辆班次，如"22 路"。

❁ 教学核心思路

一、结合实际情况创设语境，运用图片法等直观方法进行操练。

二、使学生记住如何使用序数词来表示各种顺序。

三、注意：教学中也要将特殊的表示方法教给学生。

偏误

一、[**遗漏**] 漏用"第"。

＊他是三名。

二、[**误加**] "第"的使用泛化。

＊我是第二年级学生。

课堂描述

汉语中表示先后次序时,一般是在"一、二、三"这样的基数词前加"第"。

导入

[图片导入]

教师首先展示颁奖台的图片,然后提问。

师:跑步比赛谁得了第一名?

生:尼克。

师:尼克得了第一名。

扫描二维码
获取图片

肯定范例及结构

第一

第一天

第六节

[第＋基数词（＋量词）]

第五部分　特殊表达

🞇 操练

[看图说话]

目标语句如下：

1. 这次比赛，玛丽得了第一名，大卫得了第二名，珍妮得了第三名。

2. 第一题很简单，第三题很难。

扫描二维码
获取图片

🞇 课堂活动

一、[小组按顺序说句子]

师：你们是第几组？有多少人？

生₁：我们是第一组，有3个人。

生₂：我们是第二组，有4个人。

二、[师生互动]

将学生分成若干个小组，每个小组内的学生各有一个编号。一名学生随机说第几组第几位同学，被叫到的同学答"到"，然后再说出下一个是第几组第几位同学，依此类推。如：

师：第五组第三位同学。

生₁：到。（举手示意）第二组第一位同学。

生₂：到。

练习与测试

一、看图说句子。

教师展示图片,学生按次序说出不同物品的价格,如:"第一个是中性笔,1.5 元。"

扫描二维码
获取图片

二、请学生按时间顺序画出一周的课程表或把一天的课程按顺序排列,并介绍一下自己的课程安排。

三、按照年龄从大到小为家庭成员排顺序。

58 概数表达法(1):数词连用、来、多

语法意义及功能

表示一个大概的数目。

语法知识储备

一、学习概数表达之前,学生要掌握基数词和序数词等数字的准确表达法。

二、在汉语中,说话人不知道、不愿意或者不需要说出准确的数目时,可以说一个大概的数目。有以下两种方式:

1. 把相邻的两个数字连接起来表示一个大概的数目,通常较小的数字在前,较大的数字在后,如"五六个",但"九"和"十"不能连用。不相邻的两个数字只有"三、五"可以连用,如"三五本"。

2. 数(量)词加上"来、多"等词语可以表示概数,如"三十来人、三斤多、三十多人"。

三、"来"是表示概数意义的助词,跟动词"来"的本义有一定的联系,表示接近、靠近某数。用"来"的时候,前面一定要有确切的数字,如"一个来月"。

四、"多"是表示概数意义的数词,它表示的是比某一数目略多的概数,如"一百多个"。"多"的用法稍微复杂一些:当数目以"0"结尾时,"多"应该用在量词前面,如"五十多千克";当数目为十万

到二十万时，"多"可以放在量词前面，也可以放在量词后面，如"十万多、十多万、十万三千多"；如果数目末尾是1～9，则"多"应该在量词后面，如"五米多"。

五、"来"和"多"在范围上是有区别的：

1. "来"表示接近前面的那个数，如"50来人"，可以是48人、49人、51人、52人等。

2. "多"表示多于前面的那个数，如"50多人"，可以是53人、54人，也可以是58人、59人。

❀ 教学核心思路

一、通过图片法、提问法等引出概数的表达，在此基础上用归纳法帮助学生寻找规律并加以操练。

二、首先要帮助学生理解什么是概数、为什么要使用概数，以及学习使用概数的意义。其次，要帮助学生理解"来"与"多"的意义以及二者表示概数时的特殊意义。特别是要帮助学生了解表示概数的"来、多"与不同类型的数量词语搭配使用的规律，并熟练掌握其结构。

三、在教学活动中，最为关键的是教师要注意创设概数的使用场合并展示概数的多种表达方法。

❀ 偏误

一、[**误用**] 误将相连的两个数字从大到小排列。

＊他出去玩儿了六五天。

二、[**错序**] "来、多"与表示非连续量的量词连用时，位置有误。

第五部分　特殊表达

＊我有十个来朋友。

三、[**错序**] 当"来、多"与表示连续量的量词（如时间、钱、度量衡单位）连用时，位置有误。

＊一多个小时

＊五来块钱

＊二来斤重

✿ 课堂描述

把相邻的两个数字连接起来或在数词后面加上"来、多"可以表示大概的数目。

✿ 导入

教师手里抱一摞书，很快地给学生展示一下，用提问法导入。

师：你们猜老师拿了几本书？

生：四本／五本。

师：你们的答案很接近，当你们不知道这个数量是多少时，可以说"四五本"，表示"可能是四本、也可能是五本"的意思，两个数词连用可以表示大概的数目。

师：你们猜老师多大？

生：32／33／34。

师：很接近，老师今年34岁，可以说"30多岁"，这里的"多"也表示大概的数目。

肯定范例及结构

一两个

十七八岁

[相邻的两个基数连用+量词]

三十多个人

五百多块钱

三十来个人

[数词+来/多+量词（+名词）]

操练

一、[练一练]

用数字连用的概数表达法表示下列数字。

3～5 天

38～39 个

1～2 周

7～8 本

200～300 米

98～99 台

二、[说一说]

用加"来、多"的概数表达法表示下列数字。

1. 今天花了 510～520 块钱。

2. 我们走了 32～35 分钟。

3. 班里有 25～27 个同学。

4. 我买了大约 46 或 47 本书。

🌸 课堂活动

一、[问题接龙]

教师设计多张问题卡片发给学生,每张卡片上的问题都不同,要求学生₁向旁边的学生₂提问,学生₂回答后,再继续提问学生₃,依此类推,全班都问答一遍,回答问题时必须用上所学的概数表达法。问题设置如下:

1. 你多大了?

2. 你来中国多久了?

3. 你学习汉语多久了?

4. 你每天学习几个小时汉语?

5. 你今天几点起床的?

6. 你晚上一般几点睡觉?

7. 你出去旅行一般要多长时间?

8. 你一般几点钟吃晚饭?

二、[猜猜看]

教师向学生展示准备好的图片(图片中的明星可根据学生熟悉程度挑选),让学生猜一猜图片中明星的年龄,并用概数表达法来回答。注意,前一位同学用过的表达方法后一位同学不能再用。

练习与测试

一、用概数表达法表示下列数字。

1. 21～23 天

2. 6～7 斤

3. 20～30 本

二、用概数回答问题。

1. 你们班有多少同学？
   _____

2. 这个电影多长时间？
   _____

3. 这次旅行要多长时间？
   _____

4. 你看我多大？
   _____

第五部分　特殊表达

59 概数表达法（2）：左右、上下

❀ 语法意义及功能

"左右、上下"表示大致的范围或大概的数目，接近于某数，可以比某数略大或者略小。

❀ 语法知识储备

一、学习概数表达之前，学生要掌握基数词和序数词等数字的准确表达法。

二、在某些情况下，有些数字不需要精确表达，因此可以用概数来表示大概的数目。"左右、上下"除了可以表示方位外，还可以放在数词或数量词的后面，用来表示大概的时间、数量。

1. "左右"表示在左右相邻范围内的概数，如"5个左右"，可能有3个、4个、6个、7个。

2. "上下"表示在上下相邻范围内的概数，如"20度上下"，它的范围应该是18～22度。"上下"主要用于年龄、重量、温度等方面。

三、"左右"和"上下"在用法和使用范围上有以下差异：

1. "左右"表概数的范围广泛，人、事物、时间都可使用。"左右"用于表时间时，用在时点词语之后，表达某一时间段，如"一点左右"。要注意与表示概数的"前后"相区别，如不能说"春节左右"，只能说"春节前后"。

2."上下"多用于有上下刻度形式的概数范围,如对年龄、身高、温度等的描述。同样是表示年龄,"上下"表示年龄时,多用于成年人,"左右"则不限。

❀ 教学核心思路

一、运用提问法、图片法让学生理解概数表达的意义和概数使用的场合,创造具体语境引导学生说出正确的句子,再通过对比法进行操练。

二、首先设置具体的问题(如猜年龄),引导学生关注并理解为什么用概数表达数字;其次让学生准确理解"左右、上下"所表示的概数意义;最后,进行对比,让学生明确"左右、上下"这两种概数表达法的区别,如"左右"可用在表示时间、年龄、数量、种类、高度等的词语后面,但"上下"不能用于表示时间,大多数时候用于表示年龄。教师要帮助学生理解"左右、上下"在表达概数时的使用限制,及时纠正学生的偏误。

三、要让学生认识到"左右、上下"虽然都可以表示临近某数的概数,但二者的适用范围和用法却存在差异,要多提示学生注意易混淆的部分。

❀ 偏误

一、[误用] 表示时间时,"左右"只能用在表示时间的数量短语后,不能用在时间名词之后。

＊春节左右

＊中秋节左右

二、[**错序**] "左右"位置有误,应放在名词之后。

* 大卫已经学习汉语六个左右月了。

三、[**误加**] 表示概数时,"左右"前误加"来、多","多"和"左右"不可同时使用。

* 班里的同学都是20多左右岁。

四、[**误用**] 一般用"左右"表达时间的概数,下面的例句误用了"上下"来表达。

* 大卫已经学了六个月上下了。
* 我们下午一点半上下见面吧。

❂ 课堂描述

"左右、上下"用在数词或数量短语后面,表示大概的数量。

❂ 导入

根据实际情况,用提问法导入。

师:你们能猜出老师的年龄吗?

生:27岁/28岁/30岁……

师:老师的年龄是29岁,你们的答案比较接近,有的比30岁少一点儿,有的比30岁多一点儿,这种情况我们可以说"30岁左右"或者"30岁上下"。

肯定范例及结构

20 左右（表示年龄）

20 岁上下

六点半左右

6 斤上下

[数词/数量短语＋左右/上下]

操练

[改写]

用"左右、上下"改写下列说法。

1. 大概是 14 岁、15 岁、16 岁
2. 大概是 900 克、1000 克、1100 克
3. 大概在 6 点 20 分到 6 点 40 分之间
4. 大概是 19 号、20 号、21 号
5. 大概是 79 岁、80 岁、81 岁

课堂活动

一、[问题接龙]

教师事先准备好问题卡片，每位学生发一张，向自己邻桌的人提问，回答问题的人必须用上概数表达法。回答完问题的学生再提问下一位同学，依此类推。问题如下：

1. 你平时几点起床？
2. 你一般几点钟吃午饭？

3. 你的中国朋友多吗？大概有几个？

4. 你们一般几点下课？会晚下课吗？

5. 你有午休的习惯吗？一般会午休多长时间？

6. 你来中国多长时间了？

7. 你学习汉语多长时间了？

8. 你一般几点睡觉？

二、[比比看]

请从"左右、上下"中选择合适的词语填空，可以多选，看谁填得又快又好。

1. 今天的温度大概有 35 度_____。

2. 这位爷爷有 80 岁_____。

3. 这个小孩儿看起来 10 个月_____。

4. 我们 8 点_____出发。

5. 3 点_____会下雨。

6. 他的体重在 180 斤_____。

7. 我们学校老师的年龄都在 40 岁_____。

练习与测试

一、根据提示写出相应的概数。

1. 8～9 岁_____

2. 100～200 米_____

3. 29～31 斤_____

4. 198～202 个_____

5. 40～42 周＿＿＿＿＿＿

6. 94～96 块＿＿＿＿＿＿

7. 50～60 根＿＿＿＿＿＿

8. 57～59 岁＿＿＿＿＿＿

二、用概数表达改写句子。

1. 这一包东西看上去有 19～21 斤。
　　＿＿＿＿＿＿＿＿＿＿＿＿＿＿＿＿＿＿＿＿＿＿

2. 他可能会在 18～22 日之间回国。
　　＿＿＿＿＿＿＿＿＿＿＿＿＿＿＿＿＿＿＿＿＿＿

3. 今天太热了，气温有 37～39 度了吧。
　　＿＿＿＿＿＿＿＿＿＿＿＿＿＿＿＿＿＿＿＿＿＿

三、改错。

1. 这套书的价格是一百左右元。
　　＿＿＿＿＿＿＿＿＿＿＿＿＿＿＿＿＿＿＿＿＿＿

2. 这所大学的教师平均年龄在四十上下岁。
　　＿＿＿＿＿＿＿＿＿＿＿＿＿＿＿＿＿＿＿＿＿＿

3. 我们用了大约左右一周的时间读完了这本书。
　　＿＿＿＿＿＿＿＿＿＿＿＿＿＿＿＿＿＿＿＿＿＿

第六部分　句子成分

60 时间状语

🌸 语法意义及功能

时间状语用来陈述或询问动作、事情发生的时间。

🌸 语法知识储备

一、学习时间状语之前学生至少需要学过"年、月、日（号）、星期"的表达法。如果"点、分、刻、秒"的表达也学过了，那可操练的句子将更多。

二、汉语中时间状语的位置比较灵活，既可以放在主语前边，也可以放在主语后边。比如："我下午去图书馆。""下午我去图书馆。"

三、多项状语出现在一个句子中时，时间状语一般放在最靠前的位置。比如："我昨天在超市买了一些牛奶。""他昨天已经和玛丽一起去上海了。"

🌸 教学核心思路

一、以情境教学法为主，依托生活中的真实情境展开讲练。

二、导入时间状语之前，尽量先复习"年、月、日（号）、星期、点、分"等表达。

通过询问学生"几点吃饭""几点上课"导入语言点"时间状语"，教师自问自答"我们8点上课"并板书此句作为肯定范例。

学生通过PPT和课堂活动提供的可操练的场景，可以牢固掌握汉语时间状语的语序、结构和功能。

三、注意：时间状语有时也可以放在主语前面，比如："星期三她有汉语课。""6月7号他过生日。""刚才他去办公室了。"但并不是所有的时间词、时间短语都能放在主语前面，因此第一次教学生时间状语时，建议只教时间状语放在主语后、动词前的状语语序。

偏误

一、[错序] 时间状语的位置有误。

* 我们上课8点。

* 她有汉语课星期三。

二、[遗漏] 表达否定意义时遗漏了"是"。

* 他不6月7号过生日。

课堂描述

时间状语表示做事情的时间。

导入

[情境导入]

教师利用 PPT 上的图片提问，提醒学生注意时间状语的位置。如：

扫描二维码
获取图片

1. 她几点吃饭？
2. 她几点上课？

🌸 肯定范例及结构

我们8点上课。
她星期三有汉语课。
他6月7号过生日。
[主语+时间状语+动词/动词短语]

🌸 否定范例及结构

他们不是8点上课。
他不是6月7号过生日。
[主语+不是+时间状语+动词/动词短语]

🌸 疑问范例及结构

你们8点上课吗？
她星期三有汉语课吗？
[主语+时间状语+动词/动词短语+吗]

他什么时候过生日？
你们几点上课？

她星期几有汉语课？

[主语＋什么时候／几点／星期几／几月几号／哪天＋动词／动词短语]

⚛ 操练

一、[快速提问]

教师提前准备好练习用的图片，快速提问。例如：

扫描二维码
获取图片

1. 你几点下课？
2. 他几点来教室？
3. 他几点写作业？
4. 你几点睡觉？
5. 你什么时候过生日？
6. 你哪天去超市？

二、[抽词造句]

教师在纸卡上写好要做的事情，比如"起床、吃饭、上课、下课、回家、去超市、出去玩儿、睡觉"等。

两人一组，学生 A 抽纸卡并读出纸卡上的词，学生 B 根据实际情况说出自己什么时间做这些事情，比如学生 A 抽到"起床"，学生 B 就说："我 7 点起床。"

⚛ 课堂活动

一、[走出迷宫]

教师画一座迷宫，并选取一些位置标记上要做的事情，如"7 点起床、8 点吃早饭、9 点上课、下午 3 点考试、晚上 8 点做运动"等。要求学生按照时间顺序说句子,并用线把这些标记连起来,画出走出迷宫的路线。

二、[背靠背,猜一猜]

准备一些时间卡片和情境卡片,两个学生一组,背靠背站到黑板前,学生 A 脸朝向黑板,抽一张时间卡片,学生 B 脸朝向其他学生,抽一张情境卡片。比如学生 B 抽中的卡片是"出去玩儿",将卡片展示给老师和班里其他学生,其他学生跟老师一起问:"他什么时候出去玩儿?"学生 B 猜一个时间并说句子,比如"他星期六出去玩儿"。拿着时间卡片的学生 A 回答"对"或者"不对"。如果不对,大家跟老师继续一起问:"他什么时候出去玩儿?"学生 B 继续猜,一共有三次机会。

活动规则:第一次就能猜中的得 10 分,第二次猜中的得 7 分,第三次猜中的得 4 分,三次都没猜中的得 1 分。

练习与测试

一、组句。

1. 阿里　星期六　图书馆　去

_____

2. 吗　安娜　打　星期天　篮球

_____

3. 上课　我们　6 月 1 日

_____

4. 去 公园 他 8点半 吗

_____

二、模仿例子写句子。

2013 ⟶ 2016 ⟶ 2022 ⟶ 2025 ⟶ 2028

上幼儿园 上小学 上初中 上高中 考大学

例：A：她什么时候上初中？

　　B：她2022年上初中。

61 处所状语：在 + 地点

🏵 语法意义及功能

"在 + 地点"说明某人在某地做某事，指出某事发生的地点。

🏵 语法知识储备

一、在多数初级汉语教材中，"在 + 地点"出现之前学生已学过人称代词"我、你、她、他"、疑问代词"哪儿、哪里"、地点名词、否定词"不、没"、一般疑问句等。

二、"在 + 地点"构成的处所状语一般放在动词短语之前、主语之后。

三、"在 + 地点"中的地点必须是处所名词，如果是普通名词，要在普通名词之后加上"这儿"或"那儿"，例如"我们在桌子那儿找找吧"。

🏵 教学核心思路

一、教学难度层层递进，遵循循序渐进的教学原则。

二、先复习已学过的使用动词"在"的典型句型"主语 + 在 + 地点"，再教肯定句"主语 + 在 + 地点 + 动词（+ 宾语）"及其否定句，最后教疑问句"主语 + 在 + 哪儿/哪里 + 动词（+ 宾语）"。

三、复习和导入新内容时,教师应注意强调问句与答句的重音和语气。

偏误

一、[错序] 处所状语"在+地点"的位置有误。

*我吃饭在食堂。

*我学习在教室。

二、[错序]"在"的位置有误。

*我餐厅在吃饭。

*我图书馆在看书。

课堂描述

"在+地点"表示事情发生的地方。

导入

[情境导入]

选取学生熟悉的与学习、生活相关的场景,以旧带新。

师:(指着教室)这是哪儿?

生:这是教室。

师:你在教室做什么?

生:我在教室学习。

第六部分 句子成分

❁ 肯定范例及结构

我在教室学习。

他在宿舍写作业。

她在食堂吃饭。

[主语＋在＋地点＋动词（＋宾语）]

❁ 否定范例及结构

我不在操场跑步。

他没在中国学汉语。

他们不在餐厅吃饭。

[主语＋不/没＋在＋地点＋动词（＋宾语）]

❁ 疑问范例及结构

你在哪儿学习？

你们在哪里看书？

你爸爸在哪儿工作？

[主语＋在＋哪儿/哪里＋动词（＋宾语）]

❁ 操练

一、[看图说话]

让学生说说图中的人在哪儿、在做什么。目标语句如：

扫描二维码
获取图片

1. 她在中国学汉语。

2. 他在图书馆看书。

3. 她们在体育馆游泳。

4. 他们在篮球场打篮球。

5. 他们在操场踢足球。

二、[快速提问]

1. 你在哪儿写作业？

2. 你在哪儿学习汉语？

3. 你在哪儿做运动？

4. 你在哪儿吃早饭？

课堂活动

一、[调查一天的活动]

全班学生分成若干组，调查本组组员一天的活动情况，并选一位学生汇报。问题如：

1. 你在哪儿吃早饭？

2. 你在哪儿看书？

3. 你在哪儿打游戏？

二、[角色扮演]

两人一组，学生 A 给学生 B 打电话询问学生 B 在中国的生活，学生 B 用"在 + 地点"回答。教师可在 PPT 上提供几个留学生在中国学习和生活的典型场景、要用的句型及可能用到的生词。

第六部分　句子成分

🌸 **练习与测试**

一、以"我的一天"为主题完成写作。

我早上在……吃饭，上午在……，下午在……写作业，晚上在……

二、组句。

1. 教室　在　学习　他们

　　_____

2. 我　家　看电影　在　明天

　　_____

3. 老师　食堂　买　早饭　在

　　_____

62 定 语

语法意义及功能

定语是名词前边表示领属、性质、数量等的修饰成分。

语法知识储备

一、定语是用来修饰、限定、说明名词或代词的品质与特征的，其格式为"定语（+的）+中心语"。在汉语中，定语常由形容词、数量词、名词、代词及其短语充当。

二、定语的位置一般在所修饰的词语之前。

三、中心语前可能会出现多项定语，如"我那几件从商场买的漂亮的丝绸衣服""这位受人尊敬的老师""那个高个子戴眼镜的人"等。多项定语的基本排列顺序大致是：

领属＋时间/地点＋指示代词＋数量词＋动词性词语＋形容词性词语＋表性质、类别的名词

教学核心思路

一、结合情境，精讲多练。

二、以旧带新，先围绕一个事物或人引导学生用各种定语对其进行描述，最后进行归纳、练习。

三、注意：定语的讲练要分层级，学生最初接触到的是代词、形容

词短语、数量短语等充当定语的情况,然后才是主谓短语、动宾短语等充当定语的情况。前者容易理解,可以早出现;后者学生不易掌握,可以晚出现。教师要根据教学实际,由易到难、循序渐进地进行讲练。

偏误

一、[**遗漏**] 遗漏"的"。
＊最好朋友
＊很好朋友

二、[**误加**] 误加"的"。
＊我周末看了一个老的电影。
＊我有很多旧的衣服。

课堂描述

定语是名词前边的修饰成分。

导入

教师先板书"书",然后根据实际情境提问。

师:几本书?

生:三本书。(教师在"书"前用其他颜色的笔板书"三本")

师:什么书?

生:中文书。(教师在"书"前用其他颜色的笔板书"中文")

师：(翻书，然后竖大拇指）好看的书。(教师在"书"前用其他颜色的笔板书"好看的"）

师：谁的书？(示意自己）

生：老师的书。(教师在"书"前用其他颜色的笔板书"老师的"）

师：(展示在书店买书的图片）老师买的书。(教师在"书"前用其他颜色的笔板书"老师买的"）

师：我们一起读。"书""三本书""三本中文书""三本好看的中文书"。

肯定范例及结构

好老师

一位老师

中文老师

我的老师

[形容词/数量短语/名词/代词（+的）+中心语]

操练

一、[搭配练习]

一名　　　　　北京烤鸭

哥哥的　　　　手机

好吃的　　　　学生

二、[看图说话]

教师展示图片,让学生说说看到了什么。目标语句如:

1. 穿红旗袍的姑娘

2. 吃棒棒糖的小孩儿

3. 中文教材的封面

4. 一条白色的小狗

课堂活动

一、[加加看]

教师说一个名词,让学生一个接一个往这个名词前加定语,如"书——一本书——一本中文书——一本有意思的中文书——我的一本有意思的中文书"。接不下去的时候就换一个名词重新开始。

二、[失物招领]

教师背对讲台,请一个学生把自己的物品放到讲台上。

教师说:"下课以后,有同学把东西落在教室里了,我想知道这是谁的东西。"然后问某一个学生:"这是你的笔吗?"学生$_1$:"这不是我的笔。"教师继续问学生$_2$:"这是你的笔吗?"学生$_2$:"这不是我的笔,可能是学生$_3$的笔。我问问她/他。"重复这样的过程,直到找到主人。

练习与测试

一、组句。

1. 她 医生 是 很 有名 的 一位

   _____

2. 朋友 中国 认识了 我 很多

   _____

3. 是 中国 最好的 这 大学

   _____

二、在空白处添加定语。

1. 我有一个_____朋友。

2. 她是_____老师。

3. 小李喜欢听_____音乐。

4. 北京是一个_____城市。

63 结果补语

语法意义及功能

结果补语表示动作或状态变化的结果。

语法知识储备

一、结果补语一般由形容词或动词充当,如"洗干净、买到",否定形式要在动词前添加否定词"没、没有"。

二、"动词+结果补语"如果带受事,则受事的位置有两种:一是在结果补语之后做宾语,如"写完作业了";二是在句首做主语,这时表示受事的成分一般较长,如"老师讲的语法我没听懂"。

教学核心思路

一、使用情境法进行操练,精讲多练。

二、做结果补语的常用动词或形容词有"完、开、懂、会、到、对、错、干净"等。教师可以根据学生的实际情况进行选择性的操练。

三、在操练带宾语的结果补语时(如"饭吃完了"),教师不需要扩展太多,不需要进行过多的操练,因为这样的结果补语更常用于"把"字句中。

偏误

一、[**错序**] 结果补语的位置有误，结果补语要紧跟动词。

＊我做作业完了。

＊我吃饭完了。

二、[**错序**] 结果补语位置有误，宾语和"了"应放在结果补语之后。

＊我做了作业完。

＊我吃了饭完。

三、[**遗漏**] 遗漏动词。

＊我完了作业。

课堂描述

表示动作变化的结果。

导入

师：（教师拿出一杯水并喝光）老师的杯子里还有水吗？

生：没有了。

师：杯子里的水喝完了。

生：杯子里的水喝完了。

师：（借用学生的水杯）他杯子里的水喝完了吗？

生：没有。

师：杯子里的水没有喝完。

生：杯子里的水没有喝完。

❁ 肯定范例及结构

他写完作业了。

他准备好了。

[主语＋动词＋动词/形容词（＋宾语）＋了]

杯子里的水喝完了。

衣服洗好了。

[主语＋动词＋动词/形容词＋了]

❁ 否定范例及结构

他没写完作业。

他没准备好。

[主语＋没（有）＋动词＋动词/形容词（＋宾语）]

杯子里的水没有喝完。

衣服没洗好。

[主语＋没（有）＋动词＋动词/形容词]

❁ 疑问范例及结构

他写完作业了没有？

他准备好了吗？

[主语＋动词＋动词/形容词（＋宾语）＋了＋吗/没有]

杯子里的水喝完了没有？

衣服洗干净了吗？

[主语＋动词＋动词/形容词＋了＋吗/没有]

操练

一、[快速提问]

1. 你昨天的作业做完了吗？

2. 你的衣服谁洗的？洗干净了吗？

3. 上一课的生词都学会了吗？

4. 上一课的语法都记住了吗？

5. 老师刚才说的话你听懂了吗？

二、[自由搭配组句]

教师给出名词、动词、结果补语，让学生自由搭配组句。例如：

名词：衣服、钱、作业、生词、房间

动词：学、洗、收拾、做、花

结果补语：完、干净、整齐、会、完

课堂活动

一、[互问互答]

教师提供图片，让学生互问互答。目标语句如下：

扫描二维码
获取图片

1. A：这个字写对了吗？
   B：这个字写对了。
2. A：这个题算错了吗？
   B：这个题算错了。
3. A：这件衣服洗干净了没有？
   B：这件衣服没洗干净。
4. A：她买错票了吗？
   B：她买错票了。
5. A：钱花光了吗？
   B：钱花光了。

二、[马大哈]

利用［互问互答］活动里的图片，让学生编一个小话剧：两个朋友中，一个人是马大哈，经常出错，闹出不少笑话。如"认错了人、拿错了东西"。

三、[检查计划表]

让学生做一份计划表安排一天要做的事情，然后用结果补语检查这份计划表，看看什么完成了、什么没完成，如"我昨天写完作业了、我昨天没看完电视剧就睡觉了。"

练习与测试

一、组句。

1. 错　公共汽车　坐　了　我

_____

2. 第十五课 我们 了 到 学

   _____

二、选择合适的位置。

1. 我 A 现在 B 吃 C 了 D。（饱）

2. 他不小心 A 弄 B 了 C 自己的衣服 D。（脏）

三、完成对话。

1. A：昨天晚上你几点睡的？

   B：我看电视了，_____。（V+到）

2. A：儿子，妈妈给你的钱还够吗？

   B：放心吧，妈妈，我的钱_____。（没+V+完）

64 状态补语

语法意义及功能

状态补语用在动词或形容词后,用"得"连接,对动作结果或状态进行评价或描述。

语法知识储备

一、状态补语是动词或形容词后边用"得"连接的补语,可以由很多种成分充当,其功能是对动作的结果、状态等进行描述、判断或评价。状态补语要重读。

二、状态补语由形容词或形容词短语充当时,前面一般要加"很",如"我每天都起得很早";形容词重叠式做状态补语时,格式一般为"动词+得+AA 的/AABB 的",如"公共汽车每天都挤得满满的""他的房间收拾得干干净净的"。

三、状态补语由动词或动词短语充当时,所描述和评价的动作行为或状态是经常性的、已经发生的或正在进行的。

四、动词后既有宾语又有状态补语时有两种格式:

一是重复动词,格式一般为"动词+宾语+动词+得(+很)+形容词",如"写汉字写得很漂亮";二是省略第一个动词,格式变为"宾语+动词+得(+很)+形容词",如"汉字写得很漂亮"。

教学核心思路

一、以学生的学习情况和爱好为线索,评述自己或他人"说得、写得、读得、画得、跑得怎么样"。

二、注意了解、记录学生的爱好,寻找可以反映学生闪光点的图片创设语境,引导学生在表达自我、描述他人长处时自然地使用状态补语。学生可以两三人一组,说一说对方的优点。此外,在初级阶段,"得"后的成分一般较为简单。如果形容词后的成分较为复杂,如"他高兴得跳了起来",可以等学生掌握基本形式后再讲练。

三、注意:在评述时以对学生的表扬为主,负面表达也需要练习,引导时教师可以以自己举例,如"大家跑得都很快,老师跑得比较慢"。

偏误

一、[**错序**] 有宾语时语序有误。

*他写汉字得很漂亮。

二、[**遗漏**] 动词为离合词时,"得"前遗漏了离合词的动词语素。

*他唱歌得很好听。

课堂描述

状态补语用在动词或形容词的后面,说明前面的动作或状态怎么样。

导入

让汉字写得好的学生听写,师生一起评判写得怎么样,也可以发挥互评的作用。

师：他写得怎么样？

生：他写得非常好。

师：你们写得怎么样？

生：我们写得也不错。

师：大家写得都不错，都有进步。

肯定范例及结构

他的汉字写得很漂亮。
[**主语**＋**动词**＋**得**＋**形容词短语**]

他写汉字写得很漂亮。
[**主语**＋**动词**＋**宾语**＋**动词**＋**得**＋**形容词短语**]

他高兴得哭了。
[**主语**＋**形容词**＋**得**＋**动词短语**]

否定范例及结构

我的汉字写得不太好。
[**主语**＋**动词**＋**得**＋**不**＋**形容词短语**]

疑问范例及结构

你的汉字写得好不好？
[**主语**＋**动词**＋**得**＋**形容词**＋**不**＋**形容词**]

你的汉字写得怎么样？

[主语+动词+得+怎么样]

❀ 操练

[看图说话]

目标语句如：

1. 他跑得很快。

2. 他跳得很高。

3. 他们踢球踢得很好。

4. 他唱歌唱得很好。

扫描二维码
获取图片

❀ 课堂活动

一、[谈爱好]

引导学生说一说自己或者别人的爱好，并用状态补语进行评述，如："麦克喜欢踢足球，他踢得很好。我也会踢足球，可是踢得不太好。"

二、[你问我答]

两个人一组，一问一答，看谁用的状态补语多。教师可以提示的问题如：

1. 你每天早晨起得早吗？晚上睡得晚不晚？

2. 昨天的生词你预习了吗？预习得怎么样？

3. 你觉得你的汉语说得怎么样？

第六部分 句子成分

练习与测试

一、组句。

1. 他 跑步 得 跑 快 很

   _____

2. 我们 得 高兴 哭 了

   _____

二、回答问题。

1. 你常在食堂吃饭吗？食堂的菜做得怎么样？

   _____

2. 学校周围有哪些饭馆？菜做得怎么样？

   _____

3. 你会做饭吗？做得怎么样？

   _____

4. 你最近过得怎么样？

   _____

65 简单趋向补语

🔬 语法意义及功能

简单趋向补语描述动作的方向,表示人或事物运动、位移的方向。

🔬 语法知识储备

一、"趋向动词+来/去"中的"来、去"为简单趋向补语,其方向是以说话人原先的位置为基准决定的,朝向说话人的方向用"来",背离说话人的方向用"去"。"趋向动词+来/去"中的趋向动词常常是"上、下、进、出、回、过"等,这里主要讲练该类。

二、"趋向动词+来/去"中如有处所宾语,应该放在动词和"来、去"之间,如"回家来"。

三、"趋向动词+来/去"中如有"了","了"一般放在句尾,如"他回来了"。

四、趋向动词"到"加"来、去"时必须带宾语,一般格式为"到+宾语+来/去",如"到学校去"。

五、简单趋向补语还有两种类型,一种是"动作行为动词+来/去",如"拿来、带去、寄去"等;另一种是"动作行为动词+上/下/进/出/起/到/回/开",如"飞上天空、跑开了"等。

第六部分 句子成分

教学核心思路

一、使用情境法,教师利用图片导入。

二、教学重点在于帮助学生理解"来、去"的意义和使用方法。

三、教学中需要提醒学生注意宾语的位置。

偏误

[错序] 处所宾语的位置有误,应放在趋向动词和"来、去"之间。

* 我回去家了。

* 他进去教室了。

课堂描述

表示动作的方向,也就是做完这个动作后,动作结果是离说话人越来越近还是越来越远。

导入

[图片导入]

利用图片让学生理解"来、去"的意义。

扫描二维码
获取图片

1. 一人在楼上,一人在楼下。楼下的人对楼上的人说:"你下来。"楼上的人对楼下的人说:"你上来。"

2. 一人在屋里,一人在屋外。屋外的人对屋里的人说:"你出来。"屋里的人对屋外的人说:"你进来。"

3. 两人都在楼上,其中一人说:"你下去。"

4. 两人都在楼下,其中一人说:"你上去。"

5. 两人都在屋外，其中一人说："你进去。"

6. 两人都在屋里，其中一人说："你出去。"

肯定范例及结构

他回家去了。

［主语＋动词（＋处所宾语）＋来／去＋了］

否定范例及结构

他没有回家去。

［主语＋没（有）＋动词（＋处所宾语）＋来／去］

疑问范例及结构

他回家去了吗？

他回家去了没有？

［主语＋动词（＋处所宾语）＋来／去＋了＋吗／没有］

操练

一、［完成句子］

用简单趋向补语完成句子。

1. 快上课了，大家快＿＿＿＿＿＿。

2. 车快开了，请大家快＿＿＿＿＿＿。

3. 今天天气很好，咱们一起＿＿＿＿＿＿玩儿吧。

二、[句型替换练习]

教师提供时间、地点和简单趋向补语等词语，让学生进行句型替换练习。

例：A：你爸爸从公司 回来了没有？

B：没有，他一会儿就回来了。

1. 小明、教室、出来
2. 小明、房间、出来
3. 妹妹、床上、起来

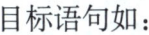 课堂活动

一、[互问互答]

教师提供图片，让学生做对话练习，自由发挥。

目标语句如：

1. A：车快开了，快上来。

   B：我马上去。

2. A：出来吧，我找到你了。

   B：我出来啦。

扫描二维码
获取图片

二、[你说我做]

教师准备一些写有简单趋向补语的词卡，如"坐下、起来、过来、过去、出去、进来"等。学生两人一组，一个学生读卡片上的简单趋向补语，另一个学生做相应的动作。

练习与测试

一、组句。

1. 了 去 北京 他 到

   _____

2. 已经 他 了 出来 从 家里

   _____

二、选择合适的位置。

1. 我现在 A 就 B 下 C 楼 D。（去）
2. 他早上 8 点就 A 从办公室 B 出 C 了 D。（来）

三、完成对话。

1. A：你到哪儿去？

   B：_____。（V＋去）

2. A：大卫，楼下有人找你。

   B：谢谢，我马上_____。（V＋去）

3. 快上课了，同学们快_____吧。（V＋来）

66 复合趋向补语

❀ 语法意义及功能

复合趋向补语跟简单趋向补语一样，也描述动作的方向，表示人或事物运动、位移的方向。

❀ 语法知识储备

一、复合趋向补语是由趋向动词"上、下、进、出、回、过、起"加简单趋向补语"来、去"组成的，常见格式为"动作行为动词＋上来／上去／下来／下去／进来／进去／出来／出去／回来／回去／过来／过去／起来"。

二、如果有处所宾语，那么处所宾语一般放在复合趋向补语的中间；如果有"了"，"了"一般放在句尾，如"他走回家去了"。

三、如果有受事宾语，那么受事宾语放在"来、去"之前或者之后都可以，如"拿出一本书来"和"拿出来一本书"。如果受事宾语强调列举、对比或是连续的行为，则一般放在复合趋向补语的后边，如"我买回来了一本书、两支笔"。如果有"了"，"了"一般放在受事宾语前，如"拿出来了一本书"。

四、复合趋向补语除了表示动作的方向之外，还有引申用法，每一组复合趋向补语的引申用法各不相同。

教学核心思路

一、教师可以使用图片对每组复合趋向补语分别进行讲练。

二、教师可以先从一组复合趋向补语开始教学,然后总结语法结构,最后分组操练。

三、提醒学生注意宾语的位置。

偏误

一、[**错序**] 处所宾语的位置有误,应放在趋向动词和简单趋向补语"来、去"之间。

＊他跑回去家了。

二、[**错序**] 普通宾语位置有误,一般要放在趋向补语之后。

＊他一个蛋糕拿出来。

课堂描述

复合趋向补语和简单趋向补语一样,表示动作的方向。

导入

[图片导入]

师:(展示一个人在山上、一个人在山下的图片)一个人在山上,一个在山下。山上的人对山下的人说什么?

生:你上来吧。

扫描二维码
获取图片

师：怎么上山呢？可以走，也可以跑。如果着急的话，是跑还是走？

生：跑。

师：对，山下的人可以跑上去。（板书）

生：跑上去。（教师指板书）

师：那山上的人怎么说呢？

生：跑上来。

师：对，你快跑上来吧。（板书）

❀ 肯定范例及结构

他拿出来一本书。

[主语＋动词＋上／下／进／出／回／过／起＋来／去＋普通宾语]

他拿出一本书来。

[主语＋动词＋上／下／进／出／回／过／起＋普通宾语＋来／去]

他跑上山来了。

[主语＋动词＋上／下／进／出／回／过／起（＋处所宾语）＋来／去＋了]

注意：汉语中没有"起去"这种说法。

❀ 否定范例及结构

他没有跑上山来。

[主语＋没（有）＋动词＋上／下／进／出／回／过／起（＋处所宾语）＋来／去]

疑问范例及结构

他跑上山来了吗?

他跑上山来了没有?

[主语+动词+上/下/进/出/回/过/起(+处所宾语)+来/去+了+吗/没有]

操练

[看图说话]

目标语句为:

1. 他从山上跑下来了。

2. 他从书包里拿出一本书来。

3. 他从房间外面走进来了。

扫描二维码
获取图片

课堂活动

一、[情景剧]

两人一组,一人扮演顾客,一人扮演商店服务员,表演打电话的场景。

A:请问,我买的东西你们寄出来了没有?订单号是12302-102。

B:您好,您的东西昨天已经寄出去了。请您再等几天。

A:好的,谢谢。我想问一下,如果不满意可以退货吗?

B：可以的。如果您不满意，请在一个星期之内退回来/寄回来。不过快递费要您自己付。

A：好的，谢谢。

二、[情景剧]

教师提供一些可以带复合趋向补语的动词及图片，让学生参照课堂活动（一），至少选择 3 个词语编一段对话。

动词：寄、写、送、走、跑

趋向补语：上去、上来、下去、下来、进去、进来、出去、出来、回来、回去、过来、过去、起来

练习与测试

一、组句。

1. 走　过　快　来

   _____

2. 教室　他　进　了　走　来

   _____

二、选择合适的位置。

1. 他 A 到门口 B 取 C 回 D 一个包裹。（来）

2. 他从书架上 A 拿 B 来 C 一本词典 D。（下）

三、用复合趋向补语完成对话。

1. A：我的行李呢？你帮我搬了吗？

   B：_____。（搬）

2. A：我的钥匙落在你的房间了。

   B：我给你_____。（送）

67 可能补语

❀ 语法意义及功能

可能补语描述动作行为的可能性，表示主客观条件是否允许某种结果、趋向产生，或者是否允许某种情况发生，如"吃得完、吃不完"。

❀ 语法知识储备

一、可能补语一般在趋向补语和结果补语学完之后学习。

二、可能补语的格式为"动词+得……""动词+不……"。需要注意其肯定形式和状态补语的区别，如"这件衣服洗得干净"意思是能洗干净，"干净"是可能补语；"这件衣服洗得很干净"意思是衣服洗了之后很干净，"很干净"是状态补语。

三、注意可能补语的否定形式"动词+不……"与"不能"的区别，"动词+不……"往往表示客观上不可以、做不到或者不会，"不能"常常表示禁止。

四、可能补语还有两种类型：一种由"动词+得/不+了（liǎo）"构成，表示可能、不可能，如"来得了、来不了"；另一种由"动词+得/不得"构成，表示是否应该进行某动作，如"去得、去不得"。

❀ 教学核心思路

一、使用以旧带新法。可能补语的学习应该在结果补语之后，教师可以先通过意义导入可能补语，如"能听懂—听得懂、不能听懂—听不懂"。肯定、否定形式同时操练。

二、教师需要向学生说明可能补语的否定形式使用频率比肯定形式高得多，因此在操练中应主要操练否定形式。

三、教师要注意能愿动词和可能补语的区别：表示"情理上许可或不许可、准许或不准许"的意思时，要用"能"或"不能"，不能用可能补语。

四、教师需要提醒学生注意可能补语和宾语同时出现时二者的语序：如果是结果补语或简单趋向补语构成的可能补语，那么宾语要放在可能补语后，或者重复动词，把宾语放在第一个动词后，如"他看不清楚跑道、他说话说不明白"；如果是复合趋向补语构成的可能补语，那么宾语多放在复合趋向补语的中间，如"他激动得说不出话来"。

偏误

一、[**误用**]"不能"表示的是客观条件不允许，下面的例句应该使用可能补语"听不懂"。

＊他不能听得懂汉语。

二、[**误用**]"不能"表示的是客观条件不允许，下面的例句应该使用可能补语"吃不完"。

＊他吃完饭不能。

课堂描述

表示能不能、可以不可以做某事情。

第六部分　句子成分

❀ 导入

教师展示一段以前学过的课文的录音。

师：听一听。他们说什么你们知道吗？能懂吗？

生：听得懂。

教师再展示一段京剧视频。

师：听一听，这次能懂吗？

生：听不懂。

❀ 肯定范例及结构

我听得懂京剧。

他说得出来。

[主语＋动词＋得＋结果补语／趋向补语（＋宾语）]

❀ 否定范例及结构

我听不懂京剧。

他说不出来。

[主语＋动词＋不＋结果补语／趋向补语（＋宾语）]

❀ 疑问范例及结构

你听得懂京剧吗？

他说得出来吗？

[主语＋动词＋得＋结果补语／趋向补语（＋宾语）＋吗]

你听得懂听不懂汉语？

他说得出来说不出来？

[主语＋动词＋得＋结果补语/趋向补语＋动词＋不＋结果补语/趋向补语（＋宾语）]

操练

一、[看图说话]

教师提供图片，请学生完成句子。目标语句如：

1. 这些饺子我吃得完。
2. 这个新闻我看得懂。
3. 这个汉字我看不清楚。
4. 在这个超市买得到水果。

扫描二维码
获取图片

二、[快速提问]

1. 老师说汉语你们听得懂吗？
2. 中文报纸你看得懂吗？
3. 用两块钱买一瓶水，买得到吗？
4. 每天的作业你做得完吗？

三、[自由搭配组句]

教师提供三组分别能做主语、可能补语和宾语的词，请学生自由搭配进行表达。例如：

主语：我、我爸爸、我妈妈、我的一个朋友

可能补语：看不懂、听不见、弄不清楚、做不好

宾语：中餐、汉语、这是谁、我说的话

第六部分 句子成分

❀ 课堂活动

一、[看图说话]

教师提供图片,学生两人一组,一问一答。例如:

1. A:这些书你看得完吗?

   B:我看得完。

2. A:这件衣服洗得干净吗?

   B:洗不干净。

3. A:这么吵,你睡得着吗?

   B:我睡不着。

扫描二维码
获取图片

二、[自由讨论]

请学生使用可能补语介绍自己能做的事情和不能做的事情。

❀ 练习与测试

一、组句。

1. 坏手机 修 好 他 我的 不

_____

2. 懂 我 完全 不 这本书 看

_____

二、选择合适的位置。

1. 教室里太吵,我 A 听 B 不 C 你说的话 D。(清楚)

2. 商店还没开门，A 买 B 不 C 咖啡 D。（到）

三、完成句子。

1. 今天的作业太多了，我 _____。（V+不+完）
2. 这本汉语书我 _____。（V+得+懂）

68 程度补语

语法意义及功能

程度补语表示动作或状态达到某种程度。

语法知识储备

一、程度补语只能用在性质形容词和表示感情、感觉以及心理活动的动词后面,且没有否定形式。

二、程度补语有两类:用"得"的组合式程度补语和不用"得"的黏合式程度补语。

三、组合式程度补语是在中心语后面加"得",再加"很、多、不得了、要死、厉害"等表示程度的词,如:

1. 这本书好得很。
2. 她高兴得不得了。
3. 最近我累得要命。

四、黏合式程度补语是在中心语后面直接加"多了、极了、死了"等表示程度的词,如:

1. 他好多了。
2. 我累极了。
3. 这件衣服难看死了。

教学核心思路

一、采用情境问答法讲解和操练程度补语。

二、教师创设典型的交际情境,引导学生对性状或心理感受的程度进行表达,如"他的汉语好得很、她漂亮极了、我气死了"等,体会使用程度补语时所表达的说话人的感情。

三、提醒学生注意程度补语没有否定形式,不能说"忙得不很"等。

偏误

一、[误加] 程度补语已表示性状的程度,不需要再加程度副词"非常"等。

＊我高兴非常极了。

二、[误加] 程度补语没有否定式,想要表达否定,可以直接说"他不太忙"。

＊他忙得不很。

三、[误加] 程度补语"极了"可以直接用在形容词后面,不需要再加"得"。

＊汉语有意思得极了。

四、[遗漏] 遗漏助词"得"。

＊他生气很。

课堂描述

程度补语表示动作、状态的程度,如"忙得很、冷多了"。

第六部分　句子成分

❀ 导入

教师创设与学生生活密切相关的情境，引导学生说出程度补语。

师：(拿着一个熊猫玩偶) 大家看，这是什么？

生：熊猫。

师：熊猫可爱吗？

生：可爱。

师：对，特别可爱。我们还可以说"可爱得很/可爱极了"。

生：可爱得很/可爱极了。

师：你喜欢熊猫吗？

生：喜欢得很/喜欢极了。

师：老师送你一个熊猫，你高兴吗？

生：我高兴得很/我高兴极了。

❀ 肯定范例及结构

他的汉语好得很。

这个游戏他喜欢极了。

我今天忙死了。

[形容词/心理动词＋得很/极了/死了]

❀ 操练

[说中国]

教师在PPT上展示中国主要城市的基本信息、学生的汉

扫描二维码
获取图片

字作业、高铁照片、旅游景点的照片等，请学生们用程度补语进行表达。例如：

1. 北京大得很。
2. 北京的旅游景点多极了。
3. 他写的汉字好极了。
4. 高铁快得很。
5. 天坛美极了。

课堂活动

一、[招生宣传]

教师将学生分成不同的小组，要求每个小组就学校的一个方面进行宣传，吸引留学生到这里学习汉语。一个小组宣传时，其他组的学生扮演留学生。目标语句如：

小组1：我们的学校大得很。食堂的菜好吃极了，便宜极了。我们学校的留学生多得很，跟他们一起玩儿有意思极了。

小组2：我们学校的老师多得很，他们的汉语课好极了。我们的校园漂亮得很。学汉语有意思极了。

小组3：我们学校的中国学生多得很。他们的爱好多极了。他们的汉语好得很。他们说的汉语难极了。我听不懂，急死了。

二、[你选谁]

班里要选一名学生参加学校的汉语比赛，请学生们说说自己选谁，并用程度补语说明原因。目标语句如：

1. 我选A，他的发音标准极了。

2. 我选B，他写的汉字漂亮得很。

3. 我选C，他的听力好极了。

练习与测试

一、组句。

1. 中国　有意思　我　朋友　的　极了

　　_____

2. 图书馆　得　汉语书　很　的　多

　　_____

3. 热　北京　的　夏天　极了

　　_____

4. 这　很　超市　的　便宜　东西　得　个

　　_____

二、用程度补语完成对话。

1. A：中国的高铁快吗？

　　B：_____。

2. A：食堂的饭菜好吃吗？

　　B：_____。

3. A：你喜欢北京烤鸭吗？

　　B：_____。

69 数量补语（动词+时量补语）

语法意义及功能

时量补语表示动作或状态持续的时间。

语法知识储备

一、时量补语中的时间词只能使用时段时间词，即表示时长的时间词，如"一个小时、一天"等；不能使用表示时点的时间词，如"两点、星期天"等。

二、时量补语一般使用"多长时间"提问。

三、宾语是名词时，有两种语序：一是"动词+时量补语（+的）+名词宾语"，如"等了一个小时（的）火车"；二是"（动词+）名词宾语+动词+时量补语"，如"（学）汉语学了三年"，一般需要重复动词，第一个动词也可以省略。

四、宾语是代词时，语序为"动词+代词宾语+时量补语"，如"等你一个小时"。

五、离合词跟时量补语共现时，有两种语序：一是需要重复离合词中的动词语素，如"我游泳游了两个小时"；二是将时量补语置于离合词的两个语素中间，如"我游了两个小时（的）泳"。

第六部分 句子成分

❀ 教学核心思路

一、使用问答法导入，通过演绎—归纳法总结结构。

二、教师先做一个动作，再询问学生做这个动作的时长，然后将动作和时长融合为一个句子，通过该句子总结出时量补语的结构，最后进行操练，使学生掌握时量补语的用法。

三、注意时量补语和宾语的位置。

❀ 偏误

一、[错序] 时量补语位置有误，"一个小时"应放在动词和宾语之间。
*他想看电视一个小时。

二、[错序] "睡觉"是一个离合词，与时量补语一起出现时应重复动词或者将时量补语插入"睡"和"觉"之间，"了"放在"睡"之后，因此应该说"他睡觉睡了一个小时"或者"他睡了一个小时（的）觉"。
*他睡觉了一个小时。

❀ 课堂描述

表示做一个动作或做一件事情做了多长时间。

❀ 导入

教师通过问答导入语言点。
师：你昨天晚上是几点开始做作业的？

生：8点。

师：你是几点做完的？

生：10点。

师：8点到10点是多长时间？几个小时？

生：两个小时。

师：你昨天晚上做作业做了两个小时。

生：我昨天晚上做作业做了两个小时。

教师总结格式并板书。

肯定范例及结构

他做了两个小时的作业。

[主语＋动词＋了＋时量补语（＋的）＋宾语]

他做作业做了两个小时。

我等他等了十分钟。

[主语（＋动词＋宾语）＋动词＋了＋时量补语]

否定范例及结构

他没有做作业做两个小时。

我没有等他等十分钟。

[主语＋没（有）（＋动词＋宾语）＋动词＋时量补语]

他没有做两个小时的作业。

[主语＋没（有）＋动词＋时量补语（＋的）＋宾语]

第六部分 句子成分

疑问范例及结构

他做作业做了多长时间？

[主语（+动词+宾语）+动词+了+多长时间]

他做了多长时间的作业？

[主语+动词+了+多长时间（+的）+宾语]

操练

[看图说话]

目标语句如：

1. 他学习了两个小时。

2. 我每天都跑半个小时步。

3. 一节课要上五十分钟。

扫描二维码
获取图片

课堂活动

一、[时间都去哪儿了]

1. 每天看＿＿＿＿＿电视，我觉得太短了。

2. 每节课上＿＿＿＿＿，我觉得太长了。

3. 我每天睡＿＿＿＿＿觉。

4. 我每天看＿＿＿＿＿手机。

二、[互问互答]

两个学生一组，使用时量补语互相介绍自己每天的生活。

练习与测试

一、组句。

1. 已经 我们 一个 了 玩儿 小时

   _____

2. 上 两个 小时 网 都 每天 他

   _____

二、选择合适的位置。

1. 我们考 A 外语 B 考 C 两个 D 小时。（了）

2. 他今天 A 跑 B 两个小时 C 步 D。（没有）

三、用时量补语完成对话。

1. A：你学汉语学了多长时间？

   B：_____。

2. A：你的手机用了多长时间了？

   B：_____。

70 趋向补语"出来"的引申用法

❀ 语法意义及功能

表示人或事物随动作从里到外、由隐蔽到显露；表示动作完成，兼有使一种新的事物产生或从无到有、由隐蔽到显露的意思；表示辨认，如"听出来了"。

❀ 语法知识储备

一、趋向补语的语法意义很复杂，一般分为趋向意义、结果意义和状态意义三大类。其中，趋向意义是基本意义，后两类意义比较虚化，属于引申意义。

二、"出来"的基本意义表示通过动作，人或物体由某处的内部向外部移动，说话人的立足点在处所的外部。

三、"出来"的引申用法中，前面的动词一般表示识别、分辨等意义，在此动作下人或事物从隐蔽到显露、从无到有，如"认、听、显示、检查、猜、看"等。如果有宾语，一般要放在"出"和"来"之间，较长的泛指宾语也可以放在"出来"之后。

四、"出来"还有"超出应该有的或超过已有的"等其他引申意义，如"我怎么多出来两本书呢"，将在中高级阶段学习。

教学核心思路

一、情境法导入，以旧带新。

二、"出来"的这两个引申意义之间有关联，在现实中学生也较难分清，教师可以将两个引申意义合在一起进行教学。先通过图片引出从隐蔽到显露的引申义，总结出结构并板书；然后再引出从无到有的完成义，并进行操练。两者不必刻意区分。

三、在教学中要提醒学生注意宾语的位置。

偏误

[错序]宾语位置有误，应该放在"出"和"来"之间。

＊我听你的声音出来了。

课堂描述

表示事情从不清楚、不知道、看不见的状态到清楚了、知道了、看见了的状态，还可以表示从没有到有的状态。

导入

[图片导入]

师：(展示一张照片，让学生们猜一猜上面的人是谁)这张照片上的人是谁？

生：是XX吗？

师：你们都认出来了？

生：认出来了。

扫描二维码
获取图片

师：(展示另一张照片) 这个人呢？认出来了吗？

生：没有。

师：可以说"没认出来"。

教师总结格式并板书。

❀ 肯定范例及结构

我认出他来了。
[主语＋动词＋出（＋宾语）＋来＋了]

他想出来一个办法。
[主语＋动词＋出来＋数量短语＋宾语]

❀ 否定范例及结构

我没有认出他来。
[主语＋没（有）＋动词＋出（＋宾语）＋来]

他没有想出来办法。
[主语＋没（有）＋动词＋出来＋宾语]

❀ 疑问范例及结构

你认出他来了吗？
你认出他来了没有？
[主语＋动词＋出（＋宾语）＋来＋了＋吗/没有]

操练

[看图说话]

要求学生使用给定的动词"听、看、认、猜、说、想、写、做"等完成句子。目标语句如：

扫描二维码
获取图片

1. 我听出来了，你根本不愿意跟我出去玩儿。
2. 这个字写得太小，我看不出来。
3. 他想出一个主意来。
4. 他把想做的事都写出来了。

课堂活动

一、[考眼力]

两个学生一组，一个学生画一种动物或物体，然后问："你认出来了吗？这是什么？"另一个学生需要回答"我认出来了，这是……"或"我没认出来"。

二、[猜一猜他/她是谁]

教师简单介绍班里的一位同学，然后请全班学生猜猜是谁。回答的学生首先说"我猜出来了"，然后说出自己的猜测。

练习与测试

一、组句。

1. 没 我 认 他 出 来

_____

第六部分 句子成分

2. 很快　就　出来　一个　好主意　他　想

_____

二、选择合适的位置。

1. 他很快就A做B出几个C菜D。（来）

2. 他不想A把B心里的想法C说D。（出来）

三、用括号中的结构完成对话。

1. A：你知道照片上的人是谁吗？

    B：_____。（V+出来）

2. A：火车票卖完了，怎么办？你有办法吗？

    B：_____。（V+出来）

71 趋向补语"起来"的引申用法

语法意义及功能

表示动作开始并继续,也可以表示状态的开始和程度的加深,还可以表示从分散到集中。

语法知识储备

一、趋向补语的语法意义很复杂,一般分为趋向意义、结果意义和状态意义三大类。其中,趋向意义是基本意义,后两类意义比较虚化,属于引申意义。

二、"动词+起来"的基本义为"由低到高",引申义为"动作开始并继续"。如果需要加宾语,宾语一般放在"起来"之间,如"唱起歌来了"。

三、在引申义中,"起来"的前面也可以加形容词,表示某种状态的开始和程度的加深,一般该形容词为积极意义的形容词,如"好起来了、亮起来了、胖起来了"。如果是消极意义的形容词,则常常使用趋向补语"下去",如"坏下去、暗下去、瘦下去"。

四、"起来"的其他引申用法将在中高级阶段学习,如"这种电子词典用起来很方便"(表示估计、推测)、"经验都是一点儿一点儿积累起来的"(表示动作使事物由分散到集中)。

教学核心思路

一、使用情境法导入，再采用演绎—归纳法总结相关句式，精讲多练。

二、教师先从"状态的开始和程度的加深"这一引申义入手，这样更方便学生理解，如利用天气状况，由"天气越来越热"引入"天气热起来了"；又如，由"我们穿的衣服越来越多"引入"穿的衣服多起来了"等。然后总结出结构"形容词＋起来"。以此为基础再引入表示"动作开始并继续"的引申义，如"他笑起来了、他唱起来了"。之后再引入加宾语的情况，如"他唱起歌来了"，总结出结构"动词＋起（＋宾语）＋来"。最后利用图片或者结合现实情况进行操练。

三、展示结构时需要注意宾语的位置。

偏误

一、[错序]"起来"的引申用法表示变化，"了"应放在句子末尾。
＊外面下了起雨来。

二、[错序] 宾语位置有误，应该放在"起"和"来"之间，离合词的后一语素也应放在"起"和"来"之间。
＊快看，他们打架起来了。

课堂描述

"动词＋起来"表示某一动作开始并继续，"形容词＋起来"表示某一状态开始并且会加深。

导入

[图片导入]

师:(展示一张初夏的图片)夏天快到了,天气怎么样?

生:越来越热。

师:对,天气热起来了。(板书)

师:(展示同一个人的两张图片,一张不笑,一张笑)她刚开始没笑,听到一个笑话后,怎么样了?

生:笑了。

师:对,她笑起来了。(板书)

肯定范例及结构

天气热起来了。

[主语+形容词+起来+了]

他笑起来了。

她唱起歌来了。

[主语+动词+起(+宾语)+来+了]

操练

[看图说话]

学生两人一组,看图进行问答练习。目标语句如:

1. A:他的病怎么样了?

B：他的病好起来了。

2. A：他的汉语怎么样了？

　　B：他的汉语熟练起来了。

3. A：他怎么了？

　　B：他哭起来了。

4. A：他怎么了？

　　B：他学习认真起来了。

课堂活动

一、[说说身边的变化]

学生轮流描述一种变化，可以是自己学习或生活上的变化，也可以是朋友的变化或是身边事物的变化。教师可以提示，如"天气热起来了、汉语流利起来了、认识的汉字多起来了"等。

二、[词句接龙]

三个学生一组，学生 A 随意说一个动词，如"睡觉"，学生 B 给这个动词加上"起来"构成短语，如"睡起觉来"，学生 C 使用学生 B 说的短语说一句话，如"他一回家就睡起觉来"。学生 A 说的动词后面可以带宾语，也可以不带，教师需要关注学生 B 的扩展是否正确。

练习与测试

一、组句。

1. 起　大雪　外面　下　来　了

2. 热　天气　了　起来

　　_____

二、选择合适的位置。

1. 我们都 A 高兴 B 得 C 笑 D 了。（起来）

2. 他的病 A 一天一天 B 地 C 好了 D。（起来）

三、用趋向补语"起来"完成对话。

1. A：最近天气怎么样？

　　B：_____。（热）

2. A：他们怎么了？

　　B：老师讲了一个笑话，_____。（笑）

72 趋向补语"上去"的引申用法

语法意义及功能

"上去"的基本义表示人或物体通过动作由低处向高处移动,立足点在低处。"上去"的引申义表示通过动作,物体的一部分或次要物体与整体或主要物体接触、附着以至固定。

语法知识储备

一、趋向补语的语法意义很复杂,一般分为趋向意义、结果意义和状态意义三大类。其中,趋向意义是基本意义,后两类意义比较虚化,属于引申意义。

二、"上来"和"上去"都能表示接触、附着以至固定。两者的区别在于:"上来"的着眼点是主要物体,"上去"的着眼点是次要物体。例如,"把邮票贴到信封上去"的着眼点是"邮票","把邮票贴到信封上来"的着眼点是"信封"。

三、"动词+上""动词+上去"都能表示添加、附着的结果义。例如,可以说"把画贴上去"或者"把画贴上"。一般来说,"上"比"上去"更常用。

四、"上去"表示附着、添加的引申用法常常用在"把"字句中,例如,"把邮票贴上去"。

五、如果有宾语,宾语应位于动词和"上去"之间,如"走上楼去",或者位于句首充当话题,如"作业交上去了"。

教学核心思路

一、使用全身反应法或情境法。

二、"上去"引申意义的教学可以结合具体的动作进行,例如"交上去、贴上去、写上去、画上去"等。

三、需要提醒学生注意,强调动作结果时,"上去"的引申用法常用在"把"字句中。

偏误

[误用] 强调动作的结果时应使用"把"字句。

＊放杯子上去。

课堂描述

"动词＋上去"表示把一个物体添加到另外一个物体上,也可以表示一个对象附着到另一个对象上。

导入

教师走到一个学生身边,给他／她一支笔,让他／她放到讲台上去,教师站在原地不动。

师:这支笔,请你放到我的桌子上。

师:(学生做完了动作)我的笔现在在哪儿?

生:桌子上。

师：谁放的？

生：×××。

师：×××把笔放上去了。

教师总结格式并板书。

🏵 肯定范例及结构

你放上去。
[主语+动词+上去]

你把书放上去。
[主语+把+宾语+动词+上去]

🏵 否定范例及结构

你没有放上去。
[主语+没（有）+动词+上去]

你没有把书放上去。
[主语+没（有）+把+宾语+动词+上去]

🏵 疑问范例及结构

你放上去了吗？
你放上去了没有？
[主语+动词+上去+了+吗/没有]

你把书放上去了吗？

你把书放上去了没有？

[主语＋把＋宾语＋动词＋上去＋了＋吗/没有]

操练

[看图说话]

目标语句如：

1. 他把水放上去了。

2. 把画贴上去吧。

3. 作业你交上去了没有？

课堂活动

[说指令，做动作]

教师使用"动词＋上去"说指令，让学生做相应的动作，要注意动作的结果应该是远离说话人的。例如"把名字写到黑板上去、把书包挂上去、把书放到架子上去"等。

练习与测试

一、组句。

1. 我的　上去　你　把　名字　写　请

　　_____

2. 放到　把　书　书架　上去

　　_____

二、选择合适的位置。

1. 你 A 帮 B 我把作业 C 交 D 吧。（上去）

2. A 衣服 B 已经 C 挂 D 了。（上去）

三、用括号中的结构完成对话。

1. A：这张画挂在哪儿？

    B：_____。（V+上去）

2. A：这些衣服收起来后放到哪里？

    B：_____。（V+上去）

73 趋向补语"上来"的引申用法

语法意义及功能

"上来"的基本义表示人或物体通过动作由低处向高处移动，立足点在高处。和"上去"一样，"上来"的引申义表示通过动作，物体的一部分或次要物体与整体或主要物体接触、附着以至固定。除此之外，"上来"还可以表示成功地完成某一动作，多使用可能补语的形式。

语法知识储备

一、趋向补语的语法意义很复杂，一般分为趋向意义、结果意义和状态意义三大类。其中，趋向意义是基本意义，后两类意义比较虚化，属于引申意义。

二、"上来"和"上去"都能表示接触、附着以至固定。两者的区别在于："上来"的着眼点是主要物体，"上去"的着眼点是次要物体。例如，"把邮票贴到信封上来"的着眼点是"信封"，"把邮票贴到信封上去"的着眼点是"邮票"。

三、"上来"和动词之间常常加上"得、不"，表现为可能补语的形式，但动词仅限于"说、唱、学、答、背、叫、念"等。

四、"上来"和"上去"都有从下级到上级、从基层到领导层的引申意义，具体情况下应该使用"上来"还是"上去"由说话人的位置决定。说话人在领导层，是上级，就用"上来"；说话人在基层，是下级，就用"上去"，例如，"我们的情况已经反映上去了"。

❁ 教学核心思路

一、使用情境法导入，使学生在情境中理解"上来"的引申义。

二、"上来"表示接触和附着的引申义与"上去"相似，相对容易理解，相关的内容可以参见"上去"。课堂中需重点操练"上来"表成功完成某一动作的引申义，该引申义需在可能补语之后进行教学，可通过"能"与"不能"的问答进行导入。

三、提醒学生注意"不能回答"和"回答不上来"的区别。

❁ 偏误

[误用]"不能"表示由于客观条件不允许而不能做某事。下面的句子是要表达不知道如何回答的意思，属于能力不足，需要使用可能补语。可改为"他回答不上来老师的问题"。

*他没有好好儿复习，他不能回答老师的问题。

❁ 课堂描述

能够完成或者不能完成某个动作，使用的是"上来"的引申用法。

❁ 导入

师：如果有同学没有好好儿听课，老师的问题他没听清楚，
　　他能回答老师的问题吗？

生：不能。

师：这时可以说"他回答不上来"。（板书）

师：如果有一个同学上课很认真，学得很好，老师的问题他能回答吗？

生：能。

师：这时可以说"他回答得上来"。（板书）因为不知道答案，不能回答老师的问题，可以说"回答不上来老师的问题"，这里使用的是"上来"的引申用法。

肯定范例及结构

他回答得上来。

[主语＋动词＋得＋上来]

否定范例及结构

他回答不上来。

[主语＋动词＋不＋上来]

操练

[看图说话]

目标语句如：

1. 他回答不上来老师的问题。
2. 我说不上来他的名字。

扫描二维码
获取图片

3. 他的家在哪儿，我说不上来。

课堂活动

[能说上来吗]

让每个学生说一个自己很难表达的状态。例如："考试前，这种紧张的感觉我说不上来。"

让学生 A 问学生 B 一个特别难回答的问题，学生 B 得回答："这个问题我答不上来。"然后由学生 B 再问其他同学。

练习与测试

组句。

1. 名字 我 还 不 上来 他的 叫 现在

   _____

2. 不一定 上来 你 答得 这个 问题

   _____

74 趋向补语"下来"的引申用法

语法意义及功能

"下来"的基本意义表示人或物体通过动作由高向低移动，立足点在低处。"下来"的引申意义较多，常见的有：表示动作从过去持续到现在或状态开始出现并持续发展；表示通过动作，某物固定在一定的位置上，如"记下来"；表示某种状态的强度由强到弱，如"平静下来、心放下来了"。

语法知识储备

一、趋向补语的语法意义很复杂，一般分为趋向意义、结果意义和状态意义三大类。其中，趋向意义是基本意义，后两类意义比较虚化，属于引申意义。

二、趋向补语"下来"和"下去"的引申用法都表示动作持续、不间断，二者的区别在于"下来"主要强调动作从过去持续到现在，"下去"主要强调动作仍然继续进行，强调的是继续发展。

三、"动词+下来"和"形容词+下来"分别表示动作的持续和状态的由强到弱。需要注意的是，"动词+下来"中一般没有宾语，如果有宾语，一般将宾语放在动词之前；"形容词+下来"中主要使用表示状态由强到弱发生变化的形容词，如"安静、冷静、稳定、平静、瘦、低、暗"等。

四、"动词+下来"还有其他的引申用法，将在中高级阶段学习。

如"把车停下来"（表示动作使事物固定）、"把帽子摘下来"（表示动作使事物分离）等。

🌸 教学核心思路

一、使用情境法导入，使用演绎—归纳法、近义辨析法进行"下来、下去"的对比教学。

二、从"形容词＋下来"（表示某种状态已经开始并会继续发展）入手进行教学，如"天慢慢黑下来、他瘦下来了、声音慢慢低下来"。在区别"下来"和"下去"时，教师可以通过"动作从过去持续到现在"这一意义进行导入、比较。如对于每天坚持练习汉语的学生，可以引入"坚持下来很不容易"，再鼓励他以后也应该每天坚持练习汉语，从而引入"应该坚持下去"。然后总结出格式"动词＋下来/下去"，区分二者的不同并加以操练。

🌸 偏误

[误用]"下来"和"下去"误用，表示过去的动作持续到现在时应该用"下来"。

＊三年学下去，他有很大的进步。

🌸 课堂描述

"动词＋下来"表示一个动作或者状态从以前一直持续到现在。

导入

教师给出两组图片：一组是从天亮到天黑的图片，另一组是音乐音量从大到小的图片。

扫描二维码
获取图片

师：6点的时候天还很亮，现在7点了，慢慢变黑了。
　　可以说"天慢慢黑下来了"。（板书）
师：刚才的音乐声音很大，现在变小了，可以怎么说？
生：声音小下来了。（教师板书）

肯定范例及结构

每天学习汉语，他坚持下来了。
[主语＋动词＋下来＋了]

天慢慢黑下来了。
[主语＋形容词＋下来＋了]

否定范例及结构

每天学习汉语，他没有坚持下来。
[主语＋没（有）＋动词＋下来]

我没有瘦下来。
[主语＋没（有）＋形容词＋下来]

疑问范例及结构

每天学习汉语，他坚持下来了吗？

他坚持下来了没有？

[主语＋动词＋下来＋了＋吗/没有]

你瘦下来了吗？

你瘦下来了没有？

[主语＋形容词＋下来＋了＋吗/没有]

操练

[看图说话]

目标语句如：

1. 天渐渐黑下来了。

2. 他瘦下来了。

3. 每天早上跑步，我坚持下来了。

扫描二维码
获取图片

课堂活动

一、[成分配对]

教师先板书："……。就这样，……一天天地……了。"然后准备好主语成分"姐姐、他"等和谓语成分"瘦下来、闲下来、学下来、坚持下来"等。要求学生完成主语和谓语的配对，并且把"就这样"前面的情况或条件补充完整。

二、[我很厉害]

两个学生一组，互相介绍一件自己持续做的事情，要求使用"动词＋下来"结构。

练习与测试

一、组句。

1. 了　下来　渐渐　声音　地　小

　　_____

2. 安静　下来　慢慢　了　外边

　　_____

二、选择合适的位置。

1. 这么一天 A 工作 B，他的身体就 C 不行 D 了。（下来）

2. 所有人 A 都 B 坚持 C 了 D。（下来）

三、用括号中的词语完成对话。

1. A：学了一年中文了，你有什么想法吗？

　　B：_____。（坚持）

2. A：刚才房间里很吵，现在怎么样了？

　　B：_____。（安静）

75 趋向补语"下去"的引申用法

❀ 语法意义及功能

"下去"的基本意义表示人或物体通过动作由高处向低处移动,立足点在高处。"下去"的引申意义表示动作仍然继续进行,或状态已经存在并将继续发展。

❀ 语法知识储备

一、趋向补语的语法意义很复杂,一般分为趋向意义、结果意义和状态意义三大类。其中,趋向意义是基本意义,后两类意义比较虚化,属于引申意义。

二、和"下来"一样,"下去"也可以表示动作和状态的持续,但"下来"主要强调动作从过去持续到现在,"下去"主要强调动作仍然继续进行,强调的是继续发展。另外,"下来"和"下去"前的形容词可以用"瘦、低、暗"等。

❀ 教学核心思路

一、使用以旧带新法,从"下来"导入,然后过渡到"下去"。

二、教师可以先从形容词入手,通过对比图片导入"瘦下来",再问学生是否会一直这么瘦,从而导入"瘦下去"。

三、注意"下去"和"下来"的区别。

偏误

[误用] "下来"与"下去"误用,下面的句子应该使用"下去"。
*下学期我要学习下来。

课堂描述

"动词+下去"表示一个动作已经开始了,以后也会继续。

导入

师:现在大家都在学习汉语,那毕业以后还会学吗?

生:会。

师:那可以说:"毕业以后,我还会学下去。"(板书)

师:如果现在我住在北京,毕业以后,我还想住在北京,怎么说?

生:我还想住下去。

肯定范例及结构

学习汉语,他一定会坚持下去。
[主语+动词+下去]

他正在减肥,已经瘦了三斤,可能还会瘦下去。
[主语+形容词+下去]

否定范例及结构

他没有坚持下去。
[主语＋没（有）＋动词＋下去]

他没有瘦下去。
[主语＋没（有）＋形容词＋下去]

疑问范例及结构

学习汉语，他坚持下去了吗？
学习汉语，他坚持下去了没有？
[主语＋动词＋下去＋了＋吗/没有]

他瘦下去了吗？
他瘦下去了没有？
[主语＋形容词＋下去＋了＋吗/没有]

操练

[看图说话]
目标语句如：
1. 未来几个月，天气会渐渐冷下去。
2. 请你说下去。
3. 运动了一个月了，他还要坚持下去。

扫描二维码
获取图片

课堂活动

一、[我的好习惯]

教师板书："现在我……，我要坚持下去。"

要求学生使用以上句式描述自己的好习惯，并表明坚持下去的决心。

二、[更好的自己]

两个学生一组，互相介绍一件自己过去持续做的事情和将来打算做的事情，要求使用"动词+下来/下去"结构。

练习与测试

一、组句。

1. 一天一天　我　看着　他　地　瘦　了　下去

　　_____

2. 也　没用　下去　再　说

　　_____

二、选择合适的位置。

1. 这本书我 A 不想再 B 看 C 了 D。（下去）
2. 我们不能 A 再 B 吵 C 了 D。（下去）

三、用趋向补语"下去"完成对话。

1. A：新的一年你有什么计划吗？

　　B：_____

2. A：这本书你看完了吗？

　　B：_____

第七部分　复　句

76　并列复句：一边……，一边……

🏵 语法意义及功能

"一边……，一边……"连接表示并列关系的分句，表示两个动作同时进行。

🏵 语法知识储备

一、"一边……，一边……"是表示并列关系的关联词语，用在并列复句中。并列复句前后分句的关系是平等的。"一边……，一边……"用在动词前，表示两个动作同时进行。

二、"一边"中的"一"可以省略，"边"和单音节动词组合时，中间没有停顿，如"咱们边吃边聊"。

三、"一边……，一边……"的主语常常是相同的，也有主语不同的时候，此时两个主语分别放在两个"一边"的前面，如"听写的时候，老师一边读，同学们一边写"。

🏵 教学核心思路

一、采用全身反应法进行讲练。

二、教师做一些简单的、易于描述的动作，要求学生用"一边……，一边……"来表达，如"一边听音乐，一边看书"。之后教师展示一些图片，也可以请学生自编动作，让其他同学来描述。课前，教师可以准备一些纸条，上面写着"一边唱歌，一边跳舞"等句子，课上将读、说、演相结合。

偏误

一、[误用]"一边……，一边……"句式中前后分句中的动词只能是表示行为动作的动词。下句中的"懂"不表示行为动作。

＊中国人说话，我一边懂，一边不懂。

二、[误用]"一边……，一边……"中前后两个动作在生活中应是可以同时进行的。

＊我一边睡觉，一边跑步。

课堂描述

"一边……，一边……"的意思是做这个，也做那个。

导入

[图片导入]

师：他在做什么？

生：唱歌、跳舞。

师：他一边唱歌，一边跳舞。

扫描二维码
获取图片

肯定范例及结构

在今天的生日聚会上,大家一边唱歌,一边跳舞。
[主语+一边+动词$_1$,一边+动词$_2$]

听写的时候,老师一边读,同学们一边写。
[主语$_1$+一边+动词$_1$,主语$_2$+一边+动词$_2$]

操练

[看图说话]
目标语句如:
1. 小明一边唱歌,一边跳舞。
2. 玛丽一边走路,一边看手机。
3. 大卫一边听音乐,一边看书。

扫描二维码
获取图片

课堂活动

一、[边说边做]
请一个学生做动作,其余学生用"一边……,一边……"描述。

二、[说习惯]
两到三人一组,分别用"一边……,一边……"说一说自己的生活习惯、学习习惯。如:"我喜欢一边听音乐,一边看书。上课的时候我喜欢边听边记。"

练习与测试

一、看图说话。

1. 他们一边吃饭,一边聊天儿。
2. 她一边听音乐,一边写作业。
3. 他一边洗澡,一边唱歌。

扫描二维码
获取图片

二、根据自己的情况,用"一边……,一边……"写句子。

我喜欢一边_____,一边_____。

三、完成对话。

A:快中午了,咱们一起吃饭吧,可以一边_____,
一边_____。

B:好!我开车带你去个好地方。

A:(路上,B在打电话)你这个习惯可不好,不能一边_____,一边_____。太危险了。

77 选择复句：(是) A，还是 B

语法意义及功能

"(是) A，还是 B"表示选择，一般用在疑问句里，询问听话人的意见，一般是两个里边选一个。

语法知识储备

一、有两个或两个以上的分句，分别说出几件事情，要求听话人从中选择一件，这样的复句是选择复句。

二、学习选择复句"(是) A，还是 B"之前，学生已经学过一些最基本的动词和句型了，如：

动词"是"，"我是中国人，她是大夫"；

动词"住"，"你住几层"；

动词"在"，"地铁站在哪儿"；

动词"吃"，"我吃饺子"；

动词"喝"，"他喝咖啡"；

动词"买"，"我买一斤苹果"；

动词"去"，"他们明天去长城"；

动词"喜欢"，"我喜欢牛奶"。

这些将为初级阶段选择复句的学习奠定很好的基础，提供可操练的情境。

三、选择复句可分为多选一、二选一和定选三种。"(是)A，还是B"属于二选一的类型，这种选择复句的语气更为肯定。

四、"与其A，不如B""宁可A，也不B"属于定选的选择复句。

教学核心思路

一、温故知新，使用情境法，精讲多练。

二、学习新课之前，建议先复习"语法知识储备"模块里提到的基本动词和句型。

教师必须控制课堂教学用语的难度，利用课堂真实情境导入"(是)A，还是B"句型。如："我是中国人，他是美国人，你是中国人还是美国人？""我是老师，他是学生，你是老师还是学生？"

在完成导入和以旧带新的操练之后，教师可通过PPT和课堂活动提供更多情境，如：可以将本课新学的几个动词提供给学生进行操练，使学生掌握好"(是)A，还是B"的语序、结构和功能。

三、注意：本次课上教师尽量不要使用是非问句、特指问句提问学生，如："你是哪国人？""你是美国人吗？""你吃什么？""你喜欢苹果吗？"应集中用"(是)A，还是B"句型提问，集中操练该表达。

四、"(是)A，还是B"里前边的"是"在口语中有时候可以省略。

偏误

一、[误用] 与"或者"混淆，该用"还是"却误用了"或者"。

*你喜欢苹果或者西瓜？

二、[错序] 关联词的位置有误。

＊你中国人是还是美国人？

课堂描述

"(是) A，还是 B"是问句，要求听话人从两个里面选一个。

导入

[情境导入]

教师可以利用 PPT 上的图片提问，也可以在教室现场根据真实情境提问。

我是中国人，他是美国人，你是中国人还是美国人？

扫描二维码
获取图片

疑问范例及结构

你是中国人还是美国人？

[主语 + 是 + 名词₁ + 还是 + 名词₂]

你是喜欢苹果还是喜欢西瓜？

[主语（+ 是）+ 动词 + 宾语₁ + 还是（+ 动词）+ 宾语₂]

操练

一、[快问快答]

教师利用 PPT 上的图片快速提问。

1. 她是老师还是大夫？

扫描二维码
获取图片

2. 你是8点上课还是8点半上课？
3. 他是去教室还是去图书馆？
4. 她是去超市还是银行？
5. 地铁站是在前边还是在后边？
6. 你喜欢茶还是喜欢咖啡？
7. 他住在3层还是8层？

二、[提问接龙]

教师手里拿着两张词卡"苹果、西瓜"，提问学生A："你喜欢苹果还是喜欢西瓜？"学生A回答后提问学生B："你喜欢苹果还是喜欢西瓜？"学生B回答后继续提问学生C，直至全班全部回答完，最后一个学生提问教师。

接着，教师可以拿出新词卡，比如"牛奶、咖啡"等，领读后继续提问接龙。如此操练几组不同的词卡。

除了用已学过的动词"喜欢"，还可以逐渐加大难度，选择用当天新课中的动词以及与其搭配的名词宾语进行该句型的操练。

课堂活动

一、[对对碰]

教师准备两套六种颜色的卡片，卡片背面写好提示词语，同一种颜色的卡片上的词语能用在"(是)A，还是B"这一句型中，比如红色卡片上是"大夫、老师"等，绿色卡片上是"咖啡、牛奶"等，蓝色卡片是"去公园、去操场"等。

将学生分成 A、B 两组,每组各拿一套卡片并用卡片上的词造句,看哪个组完成得最好、用时最短。

二、[看表格写句子]

用 PPT 展示学生 A 的个人信息,大致如下所示:

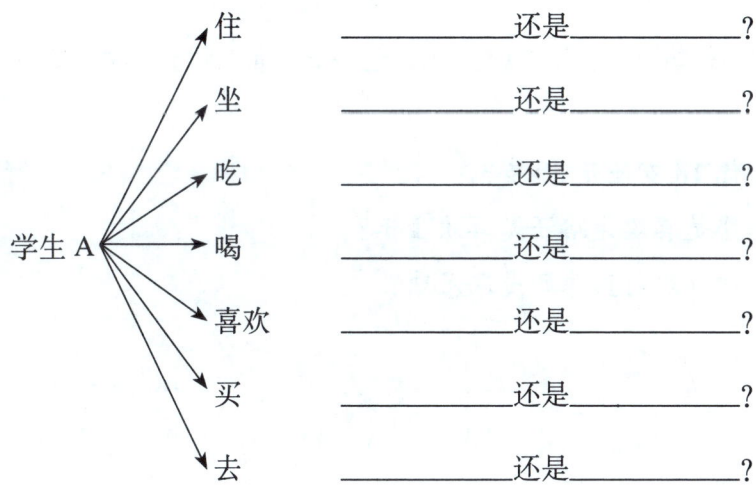

住	_____还是_____?
坐	_____还是_____?
吃	_____还是_____?
喝	_____还是_____?
喜欢	_____还是_____?
买	_____还是_____?
去	_____还是_____?

学生两人一组,看哪个组说出的正确句子最多。

练习与测试

一、组句。

1. 是 他 还是 去 图书馆 教室 去

   _____

2. 在前边 在后边 还是 车站 是

   _____

3. 牛奶 喜欢 他 咖啡 还是 喜欢

   _____

4. 住在 是 你 宿舍 家里 还是 住在

   _____

二、模仿例子,用"(是)A,还是B"向老师或同学提3～4个问题。

　　1. 你18岁还是20岁?

　　2. 您是喜欢走路还是喜欢坐车?

　　3. 你喜欢打篮球还是踢足球?

78 承接复句：先……，再……，然后……，最后……

语法意义及功能

"先……，再……，然后……，最后……"连接具有承接关系的分句，按照顺序叙述连续发生的动作或情况。

语法知识储备

一、"先……，再……，然后……，最后……"连接承接复句，用分句的排列顺序来表示动作或情况的先后顺序。

二、承接复句各分句的位置不能随意调换，用在第一个分句中的关联词语不能用于后续的分句。用于后续分句的关联词语搭配比较自由，可以分开使用，也可以合并使用，如"先……，然后再……"。

三、根据连续发生的动作或情况的多少，还可以有"先……，再……""先……，然后……""先……，再/然后……，最后……"等不同形式。

四、前后分句的主语不同时，"先""再"应放在主语后面，"然后""最后"应放在主语前面，如："你先说，然后我再说。"

五、"先……，再……，然后……，最后……"一般用于将要发生或经常发生的连续的动作或情况，要表达已经发生的连续的动作或情况时，一般用"先……，又……，然后……，最后……"。

教学核心思路

一、采用问答法和情境法来讲解和操练。

二、引导学生回忆自己生活中做的几个有先后顺序的动作,并用"先……,再……,然后……,最后……"表达出来。如下课以后都做什么、吃中餐或吃西餐是什么顺序、旅游时怎么安排一天的行程等。

三、提醒学生注意"先""再"一般放在主语后面、动词前面,只想说两个动作或事件时,结构变为"先……,再/然后(再)……"。

偏误

[**错序**]前后分句的主语不同时,"先""再"应放在主语后面,"然后""最后"应放在主语前面。

*先我去吃饭,然后我去超市,最后我回宿舍。

课堂描述

"先……,再……,然后……,最后……"表示动作或事情的先后顺序,也可以说"先……,然后……,最后……"。

导入

提问学生下课后的打算,引导学生说出含有"先……,再……,然后……,最后……"的句子。

师:下课以后你打算先做什么,再做什么?

生:下课以后我打算先去食堂吃饭,再去买咖啡。

师：然后你去做什么？最后呢？

生：然后去买水果，最后回宿舍。

师：下课以后你要做这几件事，用一句话怎么说？

生：下课以后我打算先去食堂吃饭，再去买咖啡，然后去买水果，最后回宿舍。

肯定范例及结构

吃中餐时，一般先上凉菜，再上热菜，然后上主食，最后上水果。

[先 + 动词短语$_1$，再 + 动词短语$_2$，然后 + 动词短语$_3$，最后 + 动词短语$_4$]

操练

[说先后]

让学生借助下列情境表达做一件事的先后顺序。

1. "我"是导游
2. "我"会包饺子
3. "我"爱吃中餐

课堂活动

一、[我是导游]

两人一组，一个学生扮演第一次来北京的游客，另一个扮演导游，帮助游客安排一天的行程，尽量使用"先……，再……，然后……，最后……"来说明自己的安排。如：

1. 我们先去天安门广场，再去故宫，然后去景山公园，最后回酒店，怎么样？

2. 我们先去逛商场，然后去吃烤鸭，最后去看电影。

二、[包饺子]

两个学生一组，学习包饺子，要求学生尽量使用"先……，再……，然后……，最后……"来说明包饺子、煮饺子的步骤。教师可以先给出可能用到的词语，如"和面、饺子皮、饺子馅儿、捏"等。目标语句如：

1. 先和面，然后拌馅儿，最后包饺子。

2. 先把饺子馅儿放在饺子皮上，然后把饺子皮的中间捏在一起，最后把饺子皮的两边捏在一起。

3. 先把水烧开，再把饺子放进去煮五六分钟，最后把饺子捞出来。

练习与测试

用"先……，再……，然后……，最后……"完成对话。

1. A：今天晚上你打算做什么？

　　B：_____

2. A：这个周末你打算做什么？

　　B：_____

79 因果复句：因为……，所以……

语法意义及功能

"因为……，所以……"连接具有因果关系的分句，"因为"后面的分句表示原因，"所以"后面的分句表示结果。

语法知识储备

"因为"表示原因，"所以"表示结果，两者可以搭配使用，也可以只用一项，即"因为……，……""……，所以……"或"……，(是)因为……"。

教学核心思路

一、使用情境法，精讲多练，利用现实情况进行操练。

二、教师先通过情境引出表原因和表结果的两个分句，并分别呈现在黑板或 PPT 上；然后在表原因的句子前用其他颜色的笔写上"因为"，在表结果的句子前用其他颜色的笔写上"所以"；最后创设其他情境进行操练，让学生掌握该结构。

三、展示结构时要注意前后分句主语相同或不同时的位置问题。

偏误

[错序] 前后两个分句的主语不一致时，关联词的位置有误。下面

的句子中"所以"应该在第二个主语前。

＊因为他生病了，我所以去看他。

课堂描述

表示原因和结果。

导入

［图片导入］

师：他怎么了？

生：他很饿。

师：他很饿。（板书）为什么？

生：他没吃早饭。

师：对，因为他没吃早饭。（在"他很饿"前板书"他没吃早饭"，注意两句之间应留空）

教师在"他很饿"和"他没吃早饭"前用其他颜色的笔分别插入板书"因为"和"所以"，最后总结格式"因为……，所以……"。

师：我们可以说："因为没吃早饭，所以他很饿。"

扫描二维码
获取图片

肯定范例及结构

因为他没吃早饭，所以他很饿。

［(因为)……，所以……］

因为妈妈不同意，所以他没有去。

［因为＋主语$_1$……，所以＋主语$_2$……］

因为很忙，我没有时间自己做饭。
[因为……，……]

🌸 操练

[因果问答]

教师根据学生的实际情况提问。

1. 由果追因。例如：

    师：你为什么学习汉语？

    生：因为汉语有意思，所以我学习汉语。

2. 由因及果。例如：

    师：你们的课多吗？

    生：很多。

    师：所以呢？

    生：因为课多，所以我最近很忙。

    师：因为很忙，怎么样？

    生：因为很忙，我没有时间自己做饭。

🌸 课堂活动

一、[因果关系接龙]

教师给出一个因果复句，或者让学生说一个因果复句，如："他睡得很晚，所以迟到了。"然后让学生以迟到为原因，描述可能的结果，再让另一个学生以上一个学生描述的结果为原因描述进一步可能的结果，如此继续下去。教师需要注意把握句子难度，在合适的时机结束接龙。

二、[自圆其说]

让学生自己在纸上写下任意句子，然后两人一组，使用"因为……，所以……"将两个句子连接起来，要求因果关系合理，自圆其说。

练习与测试

一、组句。

1. 很　天气　好　所以　散步　想　我　出去

　　_____

2. 因为　不　时间　够　没　他　所以　作业　写完

　　_____

二、选择合适的位置。

1. A 他 B 生病了，C 我 D 帮他收拾东西。（所以）
2. A 你没 B 告诉他，C 所以 D 他不知道。（因为）

三、用"因为……，所以……"完成对话。

1. A：你今天怎么迟到了？

　　B：_____

2. A：你为什么学汉语？

　　B：_____

第七部分 复 句

80 转折复句：虽然……，但是……

❀ 语法意义及功能

"虽然……，但是……"连接具有转折关系的分句，"虽然"后的分句陈述一个事实，"但是"后的分句没有顺着这个事实得出结论，而是说出一个相反或部分相反的事实。

❀ 语法知识储备

一、"虽然……，但是……"连接转折复句，且转折语气较强，说话人想要着重表达的是"但是"后面的分句的语义。

二、"虽然"可以省略，"但是"一般不可省略。单用"但是"，此时语气较为缓和。

三、"虽然"不受主语异同的影响，可以放在主语前，也可以放在主语后；"但是"应放在主语前面。如："虽然父母不同意，但是他们还是结婚了。"

❀ 教学核心思路

一、采用情境法和问答法来讲解和操练。

二、引导学生从不同的角度和侧面看到一个事物、一个人或一件事的正反两个方面，并用"虽然……，但是……"表达自己的观点和看法。

三、提醒学生注意后一个分句是表达的重点。

❀ 偏误

[**遗漏**]"但是"一般不能省略。

* 虽然我会唱中文歌，唱得不太好。

❀ 课堂描述

"虽然……，但是……"的意思是前面的分句说一件事情，后面的分句说一件相反的事情。

❀ 导入

引导学生谈论自己的汉语水平，并尝试用"虽然……，但是……"表达。

师：你们会说汉语吗？你们的汉语说得怎么样？

生：虽然我会说汉语，但是说得不太好。

师：你的汉语哪里好？哪里不好？

生$_1$：虽然我说得很好，但是汉字写得不太好。

生$_2$：虽然我的汉字不太好，但是我的听力不错。

❀ 肯定范例及结构

这本书虽然很好，但是有点儿贵。

[主语+虽然……，但是……]

第七部分 复 句

虽然我会说汉语，但是说得不太好。

[**虽然** + 主语……，**但是**……]

虽然我会说汉语，但是我女朋友不会说。

[**虽然** + 主语$_1$……，**但是** + 主语$_2$……]

操练

[情境造句]

要求学生根据情境用"虽然……，但是……"造句。

1. 我买这件衣服怎么样？
2. 我租这套房子怎么样？

课堂活动

一、[模拟购物]

学生三人一组，帮朋友决定买或者不买某件衣服，尽量使用"虽然……，但是……"来表达自己对某件衣服的看法。如：

1. 这件衣服虽然颜色不太好看，但是样子还不错。
2. 这件衣服虽然有点儿贵，但是很漂亮。
3. 那件衣服很漂亮，但是没有大号。

二、[租房子]

三人一组，模拟去中介公司看房的场景，讨论是否租某套房子并给出理由。要求学生尽量使用"虽然……，但是……"来表达自己的看法。如：

1. 这套房子虽然很便宜，但是离学校有点儿远。我不租。
2. 这套房子虽然离学校有点儿远，但是交通很方便。我想租。
3. 这套房子不太大，但是很干净。我想租。

练习与测试

一、用"虽然……，但是……"造句。

1. 我会唱歌　不会唱汉语歌

　　_____

2. 我在中国很愉快　也很想家

　　_____

3. 我爱吃辣的　我男朋友不爱吃

　　_____

二、选择合适的位置。

1. A 我 B 会说 C 汉语，但是我妈妈 D 不会说。（虽然）
2. A 我的宿舍 B 有点儿小，C 我 D 很喜欢。（但是）

第七部分 复 句

81 紧缩复句：一……就……

🏶 语法意义及功能

"一……就……"是紧缩复句的一种，表示前后两个动作紧接着发生，以及某种条件下一定会出现某种结果。

🏶 语法知识储备

一、两三个分句紧缩在一起，中间没有停顿，这样的句子叫紧缩复句。"一……就……"是紧缩复句的一种，表示前后两个动作或状态紧接着发生，间隔时间非常短，中间没有停顿。

二、"一……就……"有两种语法意义：一是表示后一个动作紧接着前一个动作发生，如"我一到北京就给你打电话"；二是表示前一个动作或行为引起后一个动作或行为的发生，如"老师一讲我就明白了"。

三、"一……就……"的主语可以是相同的，也可以是不同的，如"我一放假就去旅行、天一亮我就出发"。

🏶 教学核心思路

一、利用情境法，让学生用"一……就……"表述动作的衔接和动作的引起、发生。

二、可以利用学生学习和生活中的真实情境进行操练，如"我一下课就去食堂吃饭、我一放假就回国、我一吃海鲜就过敏"。

三、注意:"一……就……"有两种语法意义,表示后一个动作紧接着前一个动作发生的用法容易理解,可以先操练,之后再练习前一个动作或行为引起后一个动作或行为的发生这一用法。

❀ 偏误

一、[遗漏]"一……就……"中有两个主语时,第二个主语不能缺省。

＊我一出火车站就来接我了。

二、[错序] 有两个主语时,第二个主语要放在"就"的前面。

＊他每次一来我家就我们很高兴。

❀ 课堂描述

"一……就……"的意思是做完一件事,马上就做另一件事,如"我一到北京就给妈妈打电话";有时表示原因和结果,如"我一感冒就发烧"。

❀ 导入

用学生生活中的真实情境导入表示一个动作紧接着前一个动作发生的用法。

师:大家中午下课以后马上去做什么?

生:去食堂吃饭。

师:我们可以说"我们一下课就去食堂吃饭"。

生:我们一下课就去食堂吃饭。

师：一吃完饭你们就做什么啊？

生：一吃完饭就回宿舍。

师：一回宿舍呢？

生：一回宿舍就写作业。

师：写完作业呢？

生：一写完作业就去锻炼身体。

用常见的因果语境导入表示前一个动作或行为引起后一个动作或行为的发生的用法。

师：你们感冒以后常常发烧吗？

生：对。

师：如果我们有一位同学感冒以后常常发烧，可以说"他一感冒就发烧"。

生：他一感冒就发烧。

师：发烧了就不能上课了，用"一……就……"可以怎么说？

生：一发烧就不能上课了。

师：如果常常不来上课，会怎么样呢？

生：一不上课考试成绩就很不好。

❀ 肯定范例及结构

我打算一放假就回家。

[主语 + 一……就……]

老师一讲我们就明白了。

[主语$_1$ + 一……主语$_2$ + 就……]

❀ 操练

一、[下课后我的生活]

两人一组，用"一……就……"说一说自己下课以后都做什么，如"我一下课就回宿舍，一回宿舍就做饭，一吃完饭就开始做作业"。

二、[想家的时候]

两人一组，用"一……就……"说一说什么时候会想家或者想念朋友，如"我一接到妈妈的电话就很想家、我一看到她送给我的礼物就会想到她"。

❀ 课堂活动

一、[我的假期计划]

三到四人一组，以"我打算一放假就……"开头，说一说自己的假期计划。在介绍假期计划时，尽量多使用"一……就……"。

二、[我的小情绪]

三到四人一组，说一说自己的情绪，如"我一……就很高兴、我一……就有点儿紧张、我一……就很激动"。在活动前，教师先带领学生一起回忆学过哪些情绪类的词，如"高兴、害怕、担心、紧张、难过、激动、兴奋"等。

第七部分　复　句

练习与测试

一、将括号里的内容用"一……就……"表达出来。

今天，我起晚了。(起床→去学校)，(出家门→下雨了)，我没带伞，真倒霉。(到学校→开始上听力课)，这节课有听力考试，(我考听力→紧张)，(紧张→听不懂)，(听不懂→更紧张)。真倒霉！

二、组句。

1. 我　一　北京　到　你　给　打电话　就

   _____

2. 中国人　听　一　就　外国人　知道　我　是

   _____

三、用"一……就……"完成对话。

1. A：咱们马上就要放假了，你有什么打算？

   B：_____。

2. A：快毕业了，你毕业以后想做什么？

   B：_____。

3. A：你怎么哭了？

   B：_____。

82 条件复句：只要……，就……

🌐 语法意义及功能

"只要……，就……"连接具有条件关系的分句，表示在前面的条件下能产生后面的结果。

🌐 语法知识储备

一、"只要……，就……"连接条件复句，"只要"引出所需要的充分条件，"就"引出相应的结果。

二、"只要"引出的条件是充分条件，说明有了这个条件就能产生所说的结果，但并不排除其他条件。

三、"只要"表达的是宽容性条件，着重强调"足够"的一面，语气缓和，重在强调某种结果在一定条件下不难出现。

四、前后两个分句的主语不同时，"就"应放在主语后面，如："只要天气好，我们就去。"

🌐 教学核心思路

一、采用情境法和交际法讲解并操练。

二、学生通过表达与自己的学习和生活有关的条件关系来练习复句"只要……，就……"。

三、注意与表示必要条件的复句"只有……，才……"进行区分。

四、前后两个分句的主语不同时，后一分句中的"就"应放在主语后面。

❀ 偏误

一、[**错序**] "就"位置有误。前后分句主语不一致时，"就"放在主语后面。

* 只要你喜欢，就我给你买。

二、[**误用**] 与"只有……，才……"混淆。

* 只要有时间，才能参加你的婚礼。

❀ 课堂描述

"只要……，就……"的意思是有前面的条件就会产生后面的结果。

❀ 导入

从问学生是否能参加班级集体活动入手，展开讲解和练习。

师：这个周六我们一起去爬山，好不好？

生：好。

师：你能参加吗？

生$_1$：我能参加

师：下雨能参加吗？

生$_1$：下雨不能参加。

师：我们可以说"只要不下雨，我就参加"。

生₁：只要不下雨，我就参加。

师：你能参加吗？

生₂：只要我有时间，就参加。

肯定范例及结构

只要我努力学习，就能学好汉语。
[只要+主语……，就……]

我只要努力，就能成功。
[主语+只要……，就……]

只要你来，我就高兴。
[只要+主语₁……，主语₂+就……]

操练

[我的想法]

让学生以小组为单位，就某一结果的实现条件表达自己的观点，要求使用"只要……，就……"。

1. 明天你去长城吗？
2. 这件衣服你买吗？
3. 想学好汉语，应该怎么做？

课堂活动

一、[模拟购物]

学生两人一组，尽量使用"只要……，就……"来表达自己买衣服的条件。如：

1. 这件衣服只要有黑色的，我就买。

2. 这件衣服只要再便宜点儿，我就买。

3. 只要你买，我就买。

二、[自由讨论]

让学生就怎样才能了解中国文化表达自己的观点。如：

1. 只要多读书，多学习，就能了解中国文化。

2. 只要多逛逛北京，就能了解中国文化。

3. 只要多跟中国人聊天儿，就能了解中国文化。

练习与测试

一、用"只要……，就……"造句。

1. 努力学习　学好汉语

　　_____

2. 不下雨　去跑步

　　_____

3. 我们有进步　老师高兴

　　_____

二、选择合适的位置。

1. 只要A你们B去，C我D一定去。（就）

2. 你们A努力学习，B就C能D取得好成绩。（只要）

83 递进复句：不但……，而且……

🟢 语法意义及功能

"不但……，而且……"连接具有递进关系的分句。

🟢 语法知识储备

一、"不但……，而且……"连接两个表示递进关系的分句，后一分句的意思比前一分句更进一层。

二、如果两个分句的主语相同，那么主语要放在"不但"的前面，如："他不但会说日语，而且会说汉语。"如果两个分句的主语不同，那么第一个主语要放在"不但"的后面，第二个主语要放在"而且"的后面，如："不但他会说汉语，而且他姐姐也会说汉语。"

三、"不但"可以用"不仅、不只、不光"等替换，"而且"可以用"更、还、也、又、并且、甚至"等替换。

四、"不但不……，反而……""尚且……，何况……"等递进复句将在中高级阶段学习。

🟢 教学核心思路

一、从学生熟悉的班级情况出发进行操练，如学生会说的语言、班里的课程等，逐步扩大到他们的生活。主语相同和不同的语境都需要关注。

二、通过实际情况导入，如学生们会说的语言，并用同一种情境操练主语相同和不同两种情况。如："我们班同学不但会说自己国家的语言，而且会说汉语。""不但老师会说汉语，而且大家也都会说汉语。"初步掌握句型后，话题可以改为介绍所学的课程，如："我们不但有语言课，而且有文化课。"再到评价食堂的饭菜。操练时也需要出现一些负面的评价，如宿舍很小、房价很贵等。

三、引导学生注意主语相同和不同的情况下"不但""而且"的位置变化，并进行总结。

偏误

一、[错序] 两个分句主语相同时，"不但""而且"的位置有误。
*不但我喜欢踢足球，而且喜欢游泳。

二、[错序] 两个分句主语不同时，"不但""而且"的位置有误。
*我不但会说汉语，而且他也会说汉语。

三、[误用] "不但"和"而且"后面的内容评价色彩应该是相同的，正面的评价和负面的评价同时存在时不能使用"不但……，而且……"。
*我们的宿舍不但很小，而且很安静。

课堂描述

"不但……，而且……"有"也""还"的意思。注意：主语相同时，要放在"不但"的前面；主语不同时，前一个主语要放在"不但"的后面，后一个主语要放在"而且"的后面。

导入

从学生们会说的多种语言入手,展开讲解和操练。

师:我知道大家会说很多种语言。大家都会说哪些语言?

生:英语、法语、汉语……

师:可以说:"我们不但会说英语,而且会说法语和汉语。"

师:我们班都谁会说汉语?

生:老师、我们。

师:我们班不但老师会说汉语,而且同学们也会说汉语。

肯定范例及结构

他不但会说汉语,而且会说英语。

[主语 + 不但……,而且……]

不但我会说汉语,而且我们班同学都会说汉语。

[不但 + 主语₁……,而且 + 主语₂……]

操练

[说喜好]

要求学生用"不但……,而且……"说说自己的喜好,也可以用图片创设情境,让学生说句子。教师可以先带领学生复习之前学过的同爱好有关的词语。目标语句如:

1. 我不但喜欢打篮球,而且喜欢踢足球。

2. 我不但喜欢吃中餐,而且喜欢吃西餐。

扫描二维码
获取图片

3. 我不但喜欢说汉语,而且喜欢说法语。

4. 不但我喜欢长城,而且我的朋友们也喜欢。

课堂活动

一、[说感受]

教师提供话题,引导学生说出自己的感受。结合之前所学,如果是递进就用"不但……,而且……"表达,如果是转折就用"可是"或者"虽然……,但是……"表达。可以提供的话题如:

1. 你觉得北京(或别的熟悉的城市)怎么样?

2. 你觉得咱们的学校怎么样?

3. 汉语课怎么样?

4. 你的同屋怎么样?

5. 你的宿舍怎么样?

6. 食堂怎么样?

二、[说说他/她/它]

要求每个学生介绍一个人或者一件东西。介绍人的时候,着重说人的优点。介绍物品时,可以采用广告的形式,用"不但……,而且……"说出它的特点、优点,推荐大家购买或者使用。

练习与测试

一、选择合适的位置。

1. A 我 B 想去颐和园,C 而且我们班同学 D 也想去。(不但)

2. 我们的宿舍 A 不但 B 很干净,C 很安静 D。(而且)

二、用"不但……，而且……"说一说自己的学习和生活，至少五个句子。

三、用"不但……，而且……"造句。

1. 我喜欢跳舞　我妈妈喜欢跳舞
   _____

2. 我喜欢跳舞　我喜欢唱歌
   _____

3. 他会说法语　他说法语说得很好
   _____

84 假设复句：如果／要是……（的话），就……

❀ 语法意义及功能

"如果／要是……（的话），就……"连接表示假设关系的分句，表示在假设的情况下会产生怎样的结果。

❀ 语法知识储备

一、"如果／要是……（的话），就……"用于连接假设复句。"如果／要是"引出假设，"就"引出假设情况下产生的结果。

二、"如果／要是……（的话）""就……"既可以合用，也可以单独使用，如："如果你去，我也去。""你去，我就去。"

三、"如果／要是……（的话）"还可以用在后一个分句中，如："给我打电话，要是你需要帮助的话。"

四、"要是……（的话），就……"多用于口语，"如果……，就……"多用于书面语。

❀ 教学核心思路

一、创设学生感兴趣的假设语境，引导学生思考和表达。

二、为了活跃气氛，假设的语境可以是未来不可能发生的，也可以是学生憧憬的，如："如果我是校长、要是我有很多钱、要是明天是世界末日"等。

三、注意提醒学生"要是……（的话），就……"多用于口语，"如果……，就……"多用于书面语。

偏误

[**错序**]"要是……（的话），就……"的主语如果只有一个，可以放在"要是"的前面或者后面，也可以放在"就"的前面，但是不能放在"就"的后面。

＊要是没有课，就我在宿舍休息。

课堂描述

"如果／要是……（的话），就……"的意思是"如果这样，会怎么样"。

导入

创设一个学生都有兴趣表达的语境，鼓励大家说出自己的观点，彼此分享。

师：大家现在有什么愿望啊？

生$_1$：我想有很多钱。

师：如果你们有很多钱的话，你们想做什么呢？

生$_2$：如果我有很多钱，我就去旅行。

师：我们也可以用"要是"。要是你们有很多钱的话，想做什么？

生₃：要是我有很多钱，我就帮助没有钱的人。

🏵 肯定范例及结构

如果想我了，就给我打电话。
要是想我了，就给我打电话。
要是想我了的话，就给我打电话。
[如果／要是……（的话），就……]

🏵 操练

[集体讨论]

1. 要是你是学校的校长或者某市的市长，说说你准备做哪些方面的改进。
2. 如果明天是世界末日，今天你打算做什么？

🏵 课堂活动

[留学建议]

如果你有一个朋友要来中国留学，你对他有什么建议？

可以先让学生一起说，然后分组说，有时间的话可以把建议写下来，请每组选一位同学做汇报，教师集合大家的建议，看看有哪些是相同的。

练习与测试

一、连线。

1. 要是明天我病了，　　　　　　　　a. 我一定带她参观北京的名胜古迹。

2. 如果我妈妈来北京，　　　　　　　b. 你可以去网上查一查。

3. 要是咱们学校的书店没有这本书，　c. 帮我跟老师请个假。

二、完成句子。

1. 要是你再迟到的话，＿＿＿＿＿＿。

2. ＿＿＿＿＿＿，你们别等我，先去餐厅，我去找你们。

3. 服务员说得很快，如果你没听懂的话，＿＿＿＿＿＿。

三、说一说要是你是汉语老师，你会怎么教你的学生？

第七部分 复 句

85 选择复句：不是A，就是B

❀ 语法意义及功能

"不是A，就是B"表示两项之中必有一项是事实。（非此即彼）

❀ 语法知识储备

一、学该语言点之前，先带领学生回顾一下"就"表示强调的用法及已学过的名词、形容词、动词及其短语。在设计操练和测试题时，可能还会用到语言点"有的""或者"。

二、"不是A，就是B"用在陈述句中，表示选择，其意义是"或者是A，或者是B，没有其他"。

三、与"是A，还是B"相比较，二者虽然都表示选择，但"(是)A，还是B"一般用在疑问句中，询问对方选择哪个。

四、与"不是A，而是B"相比较，二者虽然都用在陈述句中，但"不是A，而是B"表示判断，不表示选择。"不是A，而是B"常常用来委婉地指出原因或事实。可以比较下面几个句子：

1. 他是你哥哥，还是你男朋友？（说话人询问听话人）

2. 他不是你哥哥，就是你男朋友。（说话人的猜测，说话人比较肯定地认为必定是二者之一）

3. 他不是我男朋友，而是我哥哥。（说话人自己陈述明确事实）

🏵 教学核心思路

一、综合运用情境教学法与对比教学法。

二、复句阶段仍然需要以情境教学法为主来讲授语言点。上下文语境对学生正确理解、区分选择复句"不是A，就是B"和表示判断的"不是A，而是B"非常重要。

教师要充分示范"不是A，就是B"的功能，即"或者是A，或者是B，没有其他"这个意义。可以给出典型情境多操练，再通过课堂活动、练习与测试等环节巩固该句型的用法。

三、注意：A和B的词性应相同，并且语义要符合逻辑，教师所给情境要经得起推敲。

🏵 偏误

一、[**误用**] A、B词性不同造成的偏误。

* 大街上有很多车，不是堵车，就是事故。

二、[**误用**] 与"不是A，而是B"混淆。

* 我不是不喜欢汉语，就是汉字很难写。

🏵 课堂描述

"不是A，就是B"强调或者是A，或者是B，没有其他。

🏵 导入

[情境导入]

师：老师只会中文和英文，你们猜老师这本书是中文的还是英文的？

生₁：中文的。

生₂：英文的。

师：可以说："老师的书不是中文的，就是英文的。"

师：老师和安娜比赛跑步，谁会赢？

生：不是老师赢，就是安娜赢。

肯定范例及结构

他不是二十岁，就是二十一岁。

这些衣服不是太大，就是太小，都不适合我。

他每天都很忙，不是上课，就是写作业。

她很爱学习，不是去图书馆看书，就是去操场练口语。

[主语＋不是＋名词短语₁／形容词短语₁／动词短语₁／小句₁，就是＋名词短语₂／形容词短语₂／动词短语₂／小句₂]

操练

一、[句子转换]

把下列句子转换为使用"不是A，就是B"的句子。

1. 这些衣服有的太大，有的太小。
2. 我每天晚上看电影或者玩儿电脑。
3. 他每天早上吃面包或者面条儿。

二、[完成句子]

用"不是A，就是B"完成句子。

1. A：我们哪天考试？

   B：＿＿＿＿＿＿＿＿＿＿＿＿＿＿＿。（周一、周二）

2. 我不喜欢食堂的菜，因为＿＿＿＿＿＿＿＿＿＿。（辣、咸）

3. A：中国队和美国队的比赛，谁会赢？

   B：＿＿＿＿＿＿＿＿＿＿＿＿＿＿＿。

三、[回答问题]

1. 你常常在哪儿学习？

   ＿＿＿＿＿＿＿＿＿＿＿＿（图书馆、教室）

2. 你毕业后做什么？

   ＿＿＿＿＿＿＿＿＿＿＿＿（找工作、继续读书）

3. 你假期会做什么？

   ＿＿＿＿＿＿＿＿＿＿＿＿（旅游、打工）

课堂活动

一、[模拟收费站]

将教室里的某处布置得像一个高速公路收费站，一个学生扮演收费站工作人员，旁边桌子上提前准备好各种颜色的纸条各两张。纸条上写有提示词或短语，相同颜色的两张纸条上的提示内容可用"不是A，就是B"造句。让其他学生依次排队扮演要通过的司机，每个学生选择一组相同颜色的纸条，根据上面的提示用"不是A，就是B"

说出一句话。说对了就可以通过路口,回到自己的座位上;说得不对,有一次更正的机会,如果仍然不对,就回到队伍最后面继续排队,等候下次机会。

注意:这个课堂游戏可能更适合低龄学习者。

二、[角色扮演]

三到四人一组,一人扮演学生,说出工作的好处和读书的苦处,其他人扮演已经工作的人,如医生、警察、教师等,说出工作的苦处和读书的好处。要求学生尽量用"不是A,就是B"表达。如:"学生不是上课,就是写作业。"

注意:这个活动的难度较高,可视学生水平来决定是否开展这个活动。

练习与测试

用"不是A,就是B"改写句子。

1. 他暑假计划去旅行或者在宿舍学习。

    _____

2. 我明天或者后天去图书馆。

    _____

3. 我们有的人坐飞机回国,有的人坐船回国。

    _____

4. 这些裤子有的太贵,有的太长。

    _____

86 条件复句：只有……，才……

🔬 语法意义及功能

"只有……，才……"连接具有条件关系的分句，表示没有前面的条件就不能得到后面的结果。

🔬 语法知识储备

一、"只有……，才……"连接条件复句，"只有"引出需要的必要条件，"才"引出产生的结果。

二、"只有"引出的条件是唯一的，要产生后面的结果，必须且只需要前面一个条件，具备别的条件是不行的。

三、"只有"表达的是强制性条件，着重强调"唯一"的一面，语气坚定，重在说明某种结果在严格的条件下才能出现。

四、前后两个分句的主语不同时，"才"应放在主语后面，如"只有你去，我才去"。

🔬 教学核心思路

一、采用情境法和交际法来讲解和操练。

二、学生通过表达与自己的学习和生活有关的条件关系来练习复句"只有……，才……"，如"怎样才能学好汉语、怎样才能减肥、怎样才能找到好工作"等。

三、注意与表示充分条件的复句"只要……，就……"进行区分。

四、前后两个分句的主语不同时，"才"应放在主语后面。

偏误

一、[误加] 前一分句一般不出现主语"我"，如果一定要出现，主语应放在"只有"前。

＊只有我多跟中国人聊天儿，才能学好汉语。

二、[误用] "只有……才……"与"只要……就……"混用。

＊只有多多练习，就能写好汉字。

课堂描述

"只有……，才……"的意思是没有前面的条件，不能得到后面的结果。

导入

从问学生怎样才能学好汉语入手，展开讲解和练习。

师：你们想学好汉语吗？

生：想。

师：怎样才能学好汉语？

生$_1$：努力学习。

师：可以说"只有努力学习，才能学好汉语"。

生$_1$：只有努力学习，才能学好汉语。

学生不知道如何回答时,教师可以适当引导,并问不同的学生。

师:怎样才能学好汉语?

生₂:只有多说多练,才能学好汉语。

肯定范例及结构

只有少吃、多运动,才能减肥。
[**只有**……,**才**……]

只有你去,她才去。
[**只有**+主语₁……,主语₂+**才**……]

操练

[说观点]

学生以小组为单位,就下列问题用"只有……,才……"表达自己的观点。

1. 怎样才能学好汉语?
2. 怎样才能有健康的身体?
3. 怎样才能找到好工作?

课堂活动

一、[模拟采访]

学生四人一组,其中一人扮演记者采访同组的其他学生。采访中用"您认为怎样才能……"提问,被采访的学生用"只有……,才……"

回答。采访问题如：

1. 您认为怎样才能学好汉语？
2. 您认为怎样才能写好汉字？
3. 您认为怎样才能提高成绩？
4. 您认为怎样才能多了解中国文化？

二、[辩论]

将学生分成两组进行辩论。

甲方观点：只有少吃饭，才能减肥。

乙方观点：只有多运动，才能减肥。

练习与测试

一、用"只有……，才……"造句。

1. 多听多说　　学好汉语

　　_____

2. 好好儿复习　　考试考得好

　　_____

3. 我们身体好、学习好　　父母高兴

　　_____

二、选词填空。

1. 我们_____努力，才能取得好成绩。（只要、只有）

2. 只有你参加这次活动，我_____参加。（就、才）

87 选择复句：或者 A，或者 B

🞿 语法意义及功能

"或者 A，或者 B"表示或此或彼，或 A 或 B 都可以，语气轻松；有时候也出现多项选择，如"或者 A，或者 B，或者 C"，要求从三者中选择。

🞿 语法知识储备

一、"或者 A，或者 B"是选择复句，是相对比较容易掌握的一种复句。

二、教师课前需要确认学生已学过下面导入、操练、练习与测试等教学环节中出现的动词性短语，并了解其意义。

三、"或者 A，或者 B"中的 A、B 可以是词、短语或小句，二者的句法与意义要相互对应，且均是动词性的。如"去图书馆，或者向左，或者向右，都可以"，这个句子中的"向左"其实是"向左走"，也是动词性的，但在特定的上下文语境中省略了"走"。

🞿 教学核心思路

一、采用问答法导入，精讲多练，课堂活动的目的是使学生在活动或游戏中正确运用该语言点，运用是核心，活动和游戏只是教学手段和方式。

二、建议使用情境教学法，利用图片或纸卡教具等模拟真实情境。

三、教师举例时应注意"或者A，或者B"与"要么A，要么B"在语气上的不同，"或者A，或者B"表示选择A或B都可以，语气比较轻松。

❀ 偏误

[误用] A、B的句法及意义不对应。如下例，A为名词"篮球"，而B为动词"跑步"，叮将A改为"打篮球"。

＊我周末或者篮球，或者跑步。

❀ 课堂描述

"或者A，或者B"表示选择A、选择B都可以，语气比较轻松。

❀ 导入

[情境导入]

师：这个周末你打算做什么？

生₁：游泳。

师：还有呢？

生₁：看电影。

师：他周末要做什么？

生：(教师指着板书，全班齐答) 他周末或者去游泳，或者去看电影。

肯定范例及结构

他周末或者去游泳,或者去看电影。

或者今天来,或者明天来。现在还不清楚。

[(主语+) 或者+A,或者+B]

操练

一、[选卡片,读句子]

教师在PPT上做10张可以翻转的数字卡片,卡片翻转后就是本课所学句子,学生依次选卡片,并读出背面的句子。

1. 他想去中国,或者教英语,或者学汉语。
2. 这个房间不大,或者你住,或者妹妹住。
3. 他周末或者去游泳,或者去看电影。
4. 他或者今天来,或者明天来。

二、[情境问答]

教师在PPT上用图片创设情境,并快速提问。每个问题至少配3幅图片,供学生选择回答。问题如下:

扫描二维码
获取图片

1. 中午你想吃什么?
2. 如果你有100元,你会买什么?
3. 到了中国,你想去哪儿?
4. 你想什么时候去长城?

第七部分　复　句

❀ 课堂活动

[词卡火车]

教师提前备好一张特别长的纸，纸的起始端贴上一个小火车车头，其后画出十几节车厢，但每节车厢都是空的。准备十张左右的各种颜色的词卡，每张词卡都写上"或者"。教师先抽一张词卡并用"或者A，或者B"说一个句子，如："或者安娜到前边来，或者马丁到前边来。"然后，把这张词卡贴在火车的第一节车厢上。随后，每个学生都要抽词卡、说句子，并把词卡贴在小火车上。

最后数一数车厢上一共有多少词卡，看看哪个颜色的词卡最多。

❀ 练习与测试

下面A-G哪些地方可以使用"或者"，请选出来。

我是一名留学生，A 从美国来的。今年暑假的时候，我 B 去北京吃烤鸭，C 去四川看大熊猫。如果去北京，我还想买鞋、裙子和 D 汉语书。毕业以后，我想 E 去四川当英语老师，教孩子们英语。在教室里，我们 F 说英语，G 说汉语，都可以。

88 并列复句：不是……，而是……

语法意义及功能

"不是……，而是……"连接具有并列关系的分句，表明说话人的判断。

语法知识储备

一、"不是……，而是……"连接并列复句，前后分句关系平等，不分主次。

二、前后分句中出现的人物、事物或情况等一定要属于同一性质、范围。

三、"不是……，而是……"中可以出现名词、动词、代词等，也可以出现小句，如："不是我喜欢他，而是他喜欢我。"

四、"不是""而是"必须合用，都不能单用。

教学核心思路

一、采用情境法和交际法讲解和操练。

二、学生通过表达与自己的学习和生活有关的判断来练习并列复句"不是……，而是……"，如说明地点、爱好、时间等。

三、"不是""而是"一般不能单用。另外，要注意区分"而是"和"而"。

偏误

一、[**错序**] 主语一致时,"不是"应放在主语的后面。

＊不是我们明天去天安门,而是后天。

二、[**误用**]"而是"与"而"混淆。

＊我们明天不是去故宫,而去颐和园。

课堂描述

"不是……,而是……"的意思是否定前面,肯定后面,两个分句一样重要。

导入

请学生提前准备自己与同屋或者朋友的照片,通过问答法在交际中引出"不是……,而是……"。

师:这是你的同屋吗?

生$_1$:是。

师:他是英国人吗?

生$_1$:他不是英国人,他是法国人。

师:我们可以说"他不是英国人,而是法国人"。

师:他是一年级的学生吗?

生$_1$:他不是一年级的学生,而是二年级的学生。

师：这张照片你们是在宿舍拍的吗？

生₁：我们不是在宿舍拍的，而是在中国朋友家拍的。

肯定范例及结构

他不是老师，而是医生。

[**主语** + **不是** + **名词**₁，**而是** + **名词**₂]

他不是去上课，而是去打球。

[**主语** + **不是** + **动词短语**₁，**而是** + **动词短语**₂]

操练

[请你确认]

学生以问答的形式对时间、地点、关系、工作、目的地、方式等信息进行确认。例如：

1. 你们是明天去故宫吗？
2. 你是去食堂吃饭吗？
3. 你爸爸是老师吗？

课堂活动

一、[小组对话]

请学生提前准备自己家人或者朋友的照片，上课时两人一组互相交换，一人对照片上的人的国籍、工作、爱好等信息进行判断，另一人做出回应。如果判断不正确，另一人要用"不是……，而是……"

回答。目标语句如：

1. A：这是你哥哥吗？

   B：他不是我哥哥，而是我弟弟。

2. A：他现在是在日本吗？

   B：他现在不是在日本，而是在美国。

3. A：他是学生吗？

   B：他不是学生，而是职员。

二、[看通知]

请学生看一个简短的活动通知，然后两人一组进行对话。一人对活动的时间、地点、目的地等进行判断和询问。如果判断不正确，另一人则用"不是……，而是……"回答。例如：

通知：明天上午九点我们在学校东门见面，一起坐地铁去香山。

1. A：明天我们是去西山吗？

   B：不是去西山，而是去香山。

2. A：明天我们是在学校南门见面吗？

   B：不是在南门，而是在东门。

3. A：我们是坐公交车去香山吗？

   B：不是坐公交车去，而是坐地铁去。

4. A：我们是早上六点见面吗？

   B：不是早上六点，而是上午九点。

练习与测试

一、用"不是……，而是……"造句。

1. 预习课文　复习课文

　　_____

2. 去打球　去跑步

　　_____

3. 这个月回国　下个月回国

　　_____

二、用"不是……，而是……"回答问题。

1. A：她是你女朋友吗？

　 B：_____。

2. A：这个书包是60块钱吗？

　 B：_____。

89 因果复句：既然……，就……

语法意义及功能

"既然……，就……"连接具有因果关系的分句，表示已然性因果关系。

语法知识储备

一、"既然"引导的分句一般已成为现实或是已肯定的前提，主语放在"既然"前面或后面都可以；"就"引导的分句表示基于前一分句得出的结论、推测或建议，如果有主语，则应该放在"就"的前面。

二、"既然……，就……"和"因为……，所以……"都可用于因果复句，两者的区别在于："既然"后面一般是已经发生的事实，整句的重点在后面的推断，推断一般是未然的，含一定的主观性；"因为……，所以……"强调因果，一般不含主观性。如：

1. 既然你生病了，就回去休息吧。（提出建议）
2. 因为我生病了，所以没去上课。（说明因果）

教学核心思路

一、结合情境，精讲多练。

二、教师先通过情境引出一个已经发生的事实，然后根据这个事实推断出一个结果，分别呈现在黑板或 PPT 上；再使用"既然"和"就"

将两者连接；最后进行替换原因和结果的操练，让学生掌握该结构。

三、教师展示结构时要注意区分前后分句主语相同和不同的情况。

偏误

[**错序**] 前后分句的主语不一致时，第二个分句的主语位置容易产生错误。

＊既然你有时间，就我们出去玩儿吧。

课堂描述

表示原因和结果，原因一般是已经发生的。

导入

[图片导入]

师：（展示一个人生病躺在床上的图片）他怎么了？

扫描二维码
获取图片

生：生病了。

师：生病了该怎么办？

生：去医院 / 在家休息……

师：他既然生病了，就在家休息吧。（板书例句）这句话也可以说："既然他生病了，就在家休息吧。"（板书例句，写在上一个例句下面，形成对比）请注意，"他"可以放在"既然"前面，也可以放在"既然"后面。

师：可是他今天有一场足球比赛，他不能参加，比赛怎么办？

生：找别的人。

师：既然他不能参加了，我们就找别的人。（板书例句）请注意，"我们"要放在"就"前面。

教师板书例句并总结结构。

肯定范例及结构

他既然生病了，就在家休息吧。
[主语＋既然……，就……]

既然他生病了，就在家休息吧。
[既然＋主语……，就……]

既然他有事，我们就找别人。
[既然＋主语$_1$……，主语$_2$＋就……]

操练

[完成句子]

教师给出既定的条件或事实，由学生推断出结论或结果。例如：

师：他既然生病了，就应该怎么样？

生：他既然生病了，就应该去医院／好好儿休息。

师：既然把这个月的钱都花光了，你就只能……

生：既然把这个月的钱都花光了，我就只能找朋友借了／找妈妈要了。

课堂活动

一、[情境造句]

教师给出一个既定的条件或事实,让学生依据条件用"既然……,就……"造句。例如:

师:他生病了。

生₁:他既然生病了,就应该好好儿休息。

生₂:他既然要好好儿休息,就不应该看手机。

二、[想想怎么办]

教师描述一个问题,学生两人一组进行讨论,并使用"既然……,就……"提出解决这个问题的建议。例如:"大卫和他的女朋友分手了,非常痛苦。作为朋友,你该怎么劝他呢?"学生可以说:

1. 既然已经分手了,你就不要再想她了。
2. 既然你还爱着她,就去找她。
3. 既然她已经不爱你了,就算了吧。

练习与测试

一、组句。

1. 一定 你 既然 去 要 去 吧 就

_____

2. 既然 早 时间 还 就 我们 再 玩儿 一会儿

_____

二、选择合适的位置。

1. 既然你让我做这份工作，A 应该 B 相信 C 我 D。（就）

2. 既然你已经知道了，A 我 B 不 C 再 D 多说了。（就）

三、用"既然……，就……"完成对话。

1. A：我非常喜欢这件衣服，但是有点儿贵，要不要买呢？

　　B：＿＿＿＿＿＿＿＿＿＿＿＿＿＿＿＿

2. A：现在下雨了，咱们就别去公园了。

　　B：行，＿＿＿＿＿＿＿＿＿＿＿＿＿＿

90 条件复句：无论／不管……，都／也……

语法意义及功能

"无论／不管……，都／也……"连接具有条件关系的分句，强调在任何情况下结果都会发生或者出现。

语法知识储备

一、条件复句分为有条件句和无条件句。在初级阶段的汉语教学中，常涉及的有条件句是"只要……，就……""只有……，才……"；常涉及的无条件句是"无论／不管……，都／也……"，指在任何条件下结果都不变。

二、"无论……，都／也……"和"不管……，都／也……"所表达的意义相同，区别在于前者多用于书面语，后者多用于口语。

三、"无论／不管"引导的分句必须含有疑问词、疑问结构或"多（么）"，如"无论你说什么／无论天气好不好／无论回国还是留在北京／无论我多（么）困"。

教学核心思路

一、用演绎—归纳法导入，精讲多练。

二、先举大量实例，然后再引导学生归纳出该复句的使用条件，最后进行操练。在操练过程中，可以只使用"无论/不管……，都……"这个搭配，因为实际应用中使用"也"承接的情况比较少，不能给学生留下二者可以随意换用的印象。

三、提醒学生"都/也"引导的分句有主语时，主语应该放在"都/也"前面。

偏误

一、[遗漏]"无论"引导的分句遗漏疑问词或者疑问结构。
＊无论你不去，都给我打个电话。
＊不管下大雨，我也去学校。

二、[错序]"都"的位置有误，应该放在分句主语之后。
＊不管天气好不好，都我去学校。

课堂描述

"无论/不管……，都/也……"意思是在任何情况下，结果都会发生或者出现。

导入

师：明天我们有很重要的考试，要是天气不好，下小雨，你们来考试吗？
生：我当然来。
师：要是下大雨呢？你们来吗？

生：我来。

师：要是下很大很大的雨呢？

生：我也来。

师：这时，我们可以这样说："无论下多大的雨，我都要来考试。"（板书例句）这句话表示在任何情况下，结果都不会变。

师：天气好，我要去上课；天气不好，我也要去上课。这句话可以说："无论天气好不好，我都要去上课。"（板书例句）这句话还可以说："无论天气怎么样，我都要去上课。"（板书例句）

教师需要引入更多的例句，以归纳出含有"无论/不管……，都/也……"的复句的结构特点，即"无论/不管"引导的分句必须含有疑问词、疑问结构或"多（么）"。

⚛ 肯定范例及结构

无论我怎么努力，也学不好。

不管中餐还是西餐，我都喜欢吃。

[无论/不管＋疑问词/疑问结构，（主语＋）都/也＋动词短语]

无论多（么）忙，他都坚持每天锻炼身体。

不管学习多（么）辛苦，我也不会放弃。

不管这个人说什么，你都不要相信。

不管天气好不好，我也要去上课。

[无论/不管＋主语$_1$＋疑问词/疑问结构，主语$_2$＋都/也＋动词短语]

操练

一、[教师说上半句，学生补充下半句]
1. 无论/不管明天你来不来，……
2. 无论/不管谁敲门，……

二、[教师说下半句，学生补充上半句]
1. ……，你都给我打个电话。
2. ……，你都别开门。

课堂活动

一、[随意配句]
两人一组，在纸条上合作写一个含有"无论/不管……，都/也……"的句子。教师把这些纸条裁成两部分，一部分为含有"无论/不管"的分句，另一部分为含有"都/也"的分句，分别放在两个盒子里，打乱顺序。请学生分别从两个盒子中取一张纸条，说出新的句子。

二、[你听出来了吗]
放一段婚礼主持人宣读结婚誓词的视频，让学生注意听含有"无论/不管"的句子并复述。鼓励学生抢答，只要语法正确、意思相同就行，鼓励学生自己造句。
注意：为了降低难度，教师播放视频后可将誓词简化，再读给学生听，让学生复述。

练习与测试

一、组句。

1. 喜欢 喜欢 不 无论 都 你 学下去 要

   _____

2. 不管 做 妈妈 什么 菜 我 喜欢 都 吃

   _____

二、用括号中的结构完成对话。

1. A：听说明天要下大雨，你还去参加那个活动吗？

   B：去，_____。（无论……，都……）

2. A：你想跟我们一起去吗？去或者不去，最好周五以前告诉我。

   B：好的，_____。（不管……，都……）

91 让步复句：即使……，也……

语法意义及功能

"即使……，也……"连接具有虚拟让步关系的分句，强调在任何条件下结果都会出现的必然性。

语法知识储备

一、在"即使……，也……"中，"即使"引导的分句引出假设的情况，"也"引导的分句表示后面的结果不受这种假设情况的影响。口语中常用"哪怕""就（算）是"替换"即使"。

二、"即使"引导的分句中常常使用"即使+再+形容词"结构，表示程度加深，如："即使这个房子再便宜，我也不租。"

三、整个复句的意思与"虽然……，但是……"接近，其区别在于"即使……，也……"用于未然的情况（表假设的让步），强调"也……"发生的必然性，而"虽然……，但是……"则表示事实的转折。

四、"即使……，也……"与"无论/不管……，都/也……"的区别有两点：一是"即使"引导的分句表示假设的条件，"无论/不管"引导的分句表示任何条件；二是"无论/不管"引导的分句要包含疑问词、疑问结构或"多（么）+形容词/心理动词"这样的结构，但"即使"引导的分句不能包含上述结构。

教学核心思路

一、根据生活实际或利用图片创设情境，采用问答法进行讲练。

二、结合情境提问引出句子，再通过操练强调"即使……，也……"用于未然的情况（表假设的让步），而"虽然……，但是……"则表示事实的让步。

三、注意：学生容易出现把主语放在"也"前等偏误，教师在教学过程中要加强讲练。

偏误

一、[错序]"也"位置有误。"也"是副词，应该放在主语后、动词前。

＊即使下雨，也我去长城。

二、[误用]"即使"通常用来表示对还未发生的事情的让步假设，下面句子中的"即使"宜改为"虽然"。

＊即使下雨了，我们也去植物园了。

课堂描述

"即使……，也……"有"虽然……，但是……"的意思，但不太一样，"即使……，也……"一般表达还没发生的情况。

导入

师：小迪，平时你跟小金都是一起去图书馆的，如果今天她不去的话，你去吗？

生：我要去。

师：你可以说："即使小金不去，我也要去。"（板书例句）

师：可是看样子你有点儿累，今天就别去图书馆了，休息休息吧。

生：不行，虽然累，但是我得去图书馆复习，明天有考试。

师：你可以说："即使再累，我也要去。"（板书例句）意思是虽然可能会更累，但是我的决定不变。

肯定范例及结构

即使不睡觉，我也要做完。
[**即使**……，主语＋**也**……]

我即使不睡觉，也要做完。
[主语＋**即使**……，**也**……]

即使父母不同意，我也要去。
[**即使**＋主语$_1$……，主语$_2$＋**也**……]

即使再累，我也要完成作业。
[**即使**＋**再**＋形容词，主语＋**也**……]

操练

[你说我接]

1. 即使生词很多，……
2. 即使妈妈不同意，……

二、[根据提示说句子]

教师给提示词或短语，学生说句子。例如：

1. 再累　　　坚持锻炼
2. 工作再忙　陪孩子玩一会儿
3. 周末　　　在工作
4. 放假　　　去图书馆看书

课堂活动

一、[表决心]

教师准备卡片，卡片上写好情境，两到三个学生一组，根据抽中的情境表演，台词中要用上"即使……，也……"。例如：

情景1：你非常想去中国，可是你父母不同意，请向他们表明你一定要去的决心。

情景2：你想跟一个人结婚，可你父母不喜欢他/她，请向他们表明你一定要结婚的决心。

二、[比比谁更夸张]

教师将提前准备好的卡片发给学生，上面有用"即使……，也……"写的一句话，学生要据此写一句更夸张的话。例如：

即使下大雨，我也要去看电影。（教师提供）
即使下大雪，我也要去看电影。（学生造句）

卡片上的句子举例如下：

1. 即使他给我写一百封情书，我也不会爱上他。

2. 即使我花五个小时，也做不完这么多作业。

3. 即使我辛苦十年，也挣不了这么多钱。

练习与测试

一、用"即使……，也……"改写句子。

1. 汉语学习会越来越难，但是我会坚持学下去。

   _____

2. 虽然父母可能不同意，但是我还是要跟他结婚。

   _____

3. 虽然他一直给我写情书，但是我还是对他没感觉。

   _____

二、用"即使……，也……"完成对话。

1. A：如果你父母不同意你和女朋友结婚，你怎么办？

   B：_____。

2. A：你男朋友已经道歉了，你就原谅他吧。

   B：_____。

92 选择复句：要么A，要么B

语法意义及功能

"要么A，要么B"表示从两者中选择一个，多表示"非此即彼"，语气强烈。

语法知识储备

一、"要么A，要么B"是选择复句。教师课前需要明确学生已学过各教学环节中出现的谓词性短语并了解其意义。

二、"要么A，要么B"中的A、B可以是词、短语或小句，并且多是谓词性的，名词性的较少；多表示命令、建议、威胁、推论、决心等。

三、"或者A，或者B"与"要么A，要么B"的辨析：

1. "或者A，或者B"表示"或此或彼"，语气轻松；"要么A，要么B"表示"非此即彼"，语气强烈。体会"我想吃包子，也想吃面条儿"这个句子转化以后的不同语气：

我或者吃包子，或者吃面条儿。

我要么吃包子，要么吃面条儿。

2. "或者A，或者B"表示在两者或两者以上中做出选择；"要么A，要么B"大多数情况下表示在两者之间做出选择，只有少数情况下表示两者以上的选择，如："要么你住，要么他住，要么一起住。"

第七部分 复　句

教学核心思路

一、采用情境法、问答法导入，遵循精讲多练的教学原则。课堂活动的目的是使学生在活动或游戏中正确运用该语言点，运用是核心，活动和游戏只是教学手段和方式。

二、除了利用图片或纸卡教具等模拟真实情境外，教师也可选取电影、电视剧、短视频里合适的小片段，让学生模拟剧中人物的语气进行该语言点的操练与运用。

三、教师筛选例子时应特别注意"要么 A，要么 B"与"或者 A，或者 B"在语气上的不同。"要么 A，要么 B"的语气较强，而"或者 A，或者 B"表示选择 A、选择 B 都可以，语气比较轻松。

偏误

[误用]"要么 A，要么 B"中的 A、B 语法形式不一致。

＊要么去看电影，要么京剧，你选一个吧。

课堂描述

"要么 A，要么 B"是 A、B 两个中必须选一个，语气较强。

导入

[情境导入]

师：90 分以上的同学可以去参加比赛，我们班只有两个同学90 分以上。是谁呢？

生：马克、安娜。

师：如果每个班只能去一个人，他们谁去参加比赛？（一边问，一边板书"要么A，要么B"；或者提问之前写好板书，一边问问题，一边用手指着板书"要么A，要么B"提示学生们使用它来回答）

生：要么马克，要么安娜去参加比赛。

师：老师想去上海旅游，怎么去比较快？

（强调A、B二选一，所以教师问的时候，语调上要强调"快"）

生：坐飞机/坐高铁。

师：一起说，老师怎么去上海？

生：老师要么坐飞机，要么坐高铁。

🔬 肯定范例及结构

要么马克，要么安娜去参加比赛。
[**要么A，要么B+动词短语**]

老师要么坐飞机，要么坐火车。
[**(主语+) 要么A，要么B**]

🔬 操练

一、[选卡片，读句子]

教师在PPT上做10张可以翻转的数字卡片，卡片翻转以后背面就是本课所学的句子，让学生选卡片，选哪张就读哪张卡片背面的句子。例如：

1. 要么你去比赛，要么他去比赛。
2. 老师要么坐飞机，要么坐火车去上海。
3. 要么今天，要么明天，我一定写完作业。
4. 要么读课文，要么回答问题，你选哪个？
5. 要么周六，要么周日，你必须打扫房间。

二、[情境问答]

教师在 PPT 上用图片创设下列情境，快速提问。

1. 你上课忘记带中文书了，你怎么办？（PPT 上只配两张图及提示：回去取、跟同学看一本）

2. 你的室友生病了，你怎么帮助他/她？（PPT 上只配两张图及提示：告诉老师、带他／她去医院）

3. "六一"儿童节要到了，他想怎么过？（PPT 上只配两张图及提示：看电影、去游乐场）

4. 到了一楼才知道外面下雨了，她怎么办？（PPT 上只配两张图及提示：等雨停、回办公室拿伞）

课堂活动

["要么"撞运气]

扫描二维码
获取图片

教师做一个圆转盘，上下两层：上层无字，只开一个扇形的孔，大小约为整个圆的七分之一；下层圆形纸画出小、中、大三个同心圆，每个圆都分成等大的 7 个扇形。小圆内分别写"他晚上、这些脏衣服、今天晚上、我以后、他、这次比赛、这些衣服"7 个词语，中圆内分别写"在图书馆、你洗、去看电影、当老师、读课文、成功、太大"7 个词语，大圆内分别写"在宿舍、我洗、去看京剧、当医生、回答问题、失败、太小"7个词语，注意每个扇形上的词语应该能用"要么A，要么B"组成一个完整、正确的句子。教师转动上层带孔的圆盘，圆盘停下时，学生便可用看到的提示词语造出如下句子：

1. 他晚上要么在图书馆，要么在宿舍。
2. 这次比赛要么成功，要么失败。
3. 这些衣服要么太大，要么太小。
4. 这些脏衣服要么你洗，要么我洗。
5. 今天晚上要么去看电影，要么去看京剧。
6. 我以后要么当老师，要么当医生。
7. 他要么读课文，要么回答问题。

教师先示范，转动转盘，让学生说句子；教师越转越快，学生也越说越快。

练习与测试

连线。

1. 她要么坐火车，　　　　a. 要么听音乐，现在我不想写作业。

2. 这些裤子要么太长，　　b. 要么当老师，他不想做别的工作。

3. 要么看电视，　　　　　c. 要么坐高铁回家，从来不坐船。

4. 要么当警察，　　　　　d. 要么太短，都不能穿了。

93 递进复句：连……也/都……

语法意义及功能

用"连……也/都……"的递进复句通过极端的事例表达强调，表示被强调的极端对象或典型代表的情况尚且如此，其他对象就更不用说了。

语法知识储备

一、用"连……也/都……"的句子是递进复句，用来表示强调。"连"引出要强调的对象，一般是极端的事物或人物，后边用"也/都"与之呼应。这类句子隐含比较的语义，表示强调的对象尚且如此，其他的就更不用说了。

二、"连"可以强调句中的不同成分：可以强调主语，如"这个字太难了，连中国人都不会"；也可以强调宾语，如"他去过很多地方，连西藏都去过"；还可以强调谓语动词等，如"这个字我连见都没见过，更不用说写了"。

三、如果句子的谓语部分是动宾结构的词或短语，那么宾语部分要放在"连"的后面，动词要放在"也/都"的后面，如"他连饭都没吃就去上班了"。

教学核心思路

一、利用情境教学法在讲练中让学生理解"极端"的含义,可以用图式(如数轴)表示等级。

二、教师用"……是不是很……"引导学生感受"极端"的含义,然后给出语境;也可以把学生学习汉语的过程作为语境,引导学生表达由"一点儿也不会、哪儿也不知道"的极端状态到现在变成"中国通"的另一种极端状态。

三、"连"可以强调句中的不同成分,如主语、谓语、宾语,练习中都要有所涉及。

偏误

一、[误加]"也"和"都"不能同时使用。

*我连长城也都没去过。

二、[错序]如果句子的谓语部分是动宾结构的词或短语,那么宾语部分要放在"连"的后面,动词要放在"也/都"的后面。

*她连吃饭也没就去上班了。

课堂描述

"连……也/都……"表示强调。如:"一"这个字很容易,小孩子也认识,可以说"这个字很容易,连小孩子都会";"爨"这个字很难,大人会的字很多,可是也不知道这个字,可以说"这个字很难,连大人都不会"。

第七部分 复句

导入

师：你们去过中国的哪些地方？

生$_1$：上海、天津、四川。

师：你去过的地方很多啊，四川离北京比较远，你都去过。我们可以说"他去过的地方很多，连四川都去过"。大家一起来说一遍。

生：他去过的地方很多，连四川都去过。

师：老师去过的地方很少，还没去过四川。可以说……

生：老师去过的地方很少，连四川都没去过。

肯定范例及结构

1. 强调主语：

这个字太简单了，连三岁的小孩子都会写。

[连＋主语＋也/都……]

2. 强调谓语：

这篇课文我连背都能背下来，更不用说读了。

[主语＋连＋谓语＋也/都……]

3. 强调宾语：

他去过很多地方，连西藏都去过。

[主语＋连＋宾语＋也/都……]

否定范例及结构

1. 强调主语：

这个字太难了，连中国人都不会。

[连＋主语＋也/都＋不/没……]

2. 强调谓语：

这个字我连见都没见过，更不用说写了。

[主语＋连＋谓语动词＋也/都＋不/没……]

3. 强调宾语：

他去过的地方很少，连学校附近的很多地方都没去过。

[主语＋连＋宾语＋也/都＋不/没……]

操练

一、[用"连……也/都……"说句子]

教师选出留学生经常去的一个地方和一个不常去的地方，如长城和老舍茶馆等，给出前半句，让学生说后半句。例如：

1. 我来中国以后去过很多地方，……

2. 我来中国以后去过的地方很少，……

二、[用"连……也/都……"造句]

教师给出前半句话"我来中国以后"，请学生自由发挥，说出后面的句子。

第七部分 复句

课堂活动

一、[说变化]

让学生说一说自己来中国以后的变化或者学习中文以后的变化。教师可以给出提示：

1. 我刚来中国的时候……

2. 我刚学中文的时候……

3. 现在……

目标语句如：

1. 我刚来中国的时候，连烤鸭也没吃过，连长城也没去过。现在我连盐水鸭都吃过，连老舍茶馆都去过。

2. 我刚学中文的时候，连一个汉字也不会写，连一句汉语也不会说，现在连很多中国人不认识的字我都认识。

二、[情境造句]

教师提供语境，要求学生用"连……也/都……"造句。可以使用的语境如：

1. 他的汉语很好，中国人听不出来他是外国人。

2. 他去过的地方很少，长城也没去过。

3. 他去过的地方很多，比如老舍茶馆，很多人都没去过。

4. 他很喜欢中国美食。

练习与测试

一、组句。

1. 他 一个 连 中国 也 朋友 没有

   _____

2. 他 饭 连 也 没吃 就 了 走

   _____

3. 他 连 都 敢 拿 蛇

   _____

二、用"连……也/都……"改写句子。

1. 我没带钱,一块钱也没有。

   _____

2. 她汉语很好,中国人听不出来她是外国人。

   _____

3. 他的性格不好,没有一个朋友。

   _____

三、用"连……也/都……"完成句子。

1. 现在小学生的书包太重了,_____。

2. 他会很多种语言,_____。

第八部分　句　类

94 是非疑问句：……吗？

语法意义及功能

是非疑问句要求听话人做出肯定或者否定回答。

语法知识储备

一、汉语里是非疑问句的结构与一般陈述句基本相同，但语调要变为升调，或者在句末加疑问语气词"吗、吧、啊"等，但不能使用"呢"。

二、回答是非疑问句时，可以先表明自己是否同意问话人的意见。同意的话，要用"嗯、是的、对、对了"等回答；不同意的话，要先用"不、没有"等回答，然后再表达自己的意见。注意：要根据句中的动词来回答，即疑问句中用什么动词，回答就用什么动词。

三、需要特别注意的是：回答时不论疑问句是以肯定形式还是以否定形式出现，只要答话人同意疑问句所表达的意思，就用"是的、对、嗯"等；如果不同意疑问句所表达的意思，就用"不、没有"等。

教学核心思路

一、使用情境法或者以旧带新的方法导入，使用问答法操练。

二、通常这个语言点出现时,学生学过的汉语句子还比较少,一般就是"是"字句、"有"字句和"我叫……"这样的简单主谓句。教师可以用当堂学习的陈述句导入。操练时,除了练本课学习的句子以外,还可以把之前学过的句子都用起来,这样既起到了练习的作用,又可以复习所学,提高复现率。

三、注意:学生回答是非疑问句时,容易出现一些偏误,教师在教学过程中要加强讲练。

偏误

一、[误加]"吗"和疑问词不能同时使用。

*你什么时候回国吗?

*你在哪儿吗?

二、[误用]带"吗"的一般疑问句的答句常常出现偏误。如果问句中的动词不是"是",可以回答"是的"或者"对",然后再表达自己的意见。

  A:你来吗?

  B:*是。

三、[误用]带"吗"的一般疑问句为否定形式时,答句常常出现偏误。如果答话人同意问话人的意思,应该用"是的、对、嗯"等。

  A:你不去吗?

  B:*不,我不去。

第八部分 句类

❁ 课堂描述

"……吗？"是问句，希望得到肯定或者否定回答。

❁ 导入

[情境导入]

用以前学习的陈述句引入。板书陈述句时，注意留出疑问句的位置。通常，问答形式的板书安排为问句在上，答句在下。所使用的陈述句如："我是学生、她不是老师、他姓王。"

师：你是学生吗？（板书，并用别的颜色突出"吗？"。通过板书示意，学生会明白这是在问问题。然后教师引导学生做肯定和否定两种回答。）

生：是的，我是学生/不，我不是学生。

师：她是老师吗？

生：不，她不是老师。

师：他姓王吗？

生：对，他姓王。

❁ 疑问范例及结构

她是老师吗？
她姓王吗？
[**主语＋动词（＋宾语）＋吗**]

操练

一、[快速提问]
1. 你是学生吗?
2. 你是韩国人吗?
3. 你姓李吗?
4. 你叫罗兰吗?

二、[接龙提问]
学生之间接龙用是非疑问句"……吗?"提问。

课堂活动

一、[猜一猜]
让一个学生选择教室里的一个物品或人作为谜底,其他学生提问,如"他是学生吗、它是桌子吗",这位学生回答"是的"或"不是"等,直到猜出答案。

二、[寻人]
教师准备两组不同颜色的卡片,写上姓名、国籍、身份等信息。学生四到六人为一组,拿到蓝色卡片的学生为寻人者(提问者),拿到白色卡片的学生为被寻者(回答者)。寻人者根据卡片上的个人信息挨个询问组内成员,询问时所使用的句式为"……吗?",例如:"你姓李吗?"被寻者可以回答"是的"或者"不是"等,直到找到跟卡片信息相符的人。

完成一轮之后,教师重新发卡片,注意交换寻人者和被寻者的身份。

练习与测试

一、组句。

1. 你 学生 吗 是

   _____

2. 中国人 吗 是 他

   _____

3. 吗 她 姓 高

   _____

二、完成会话。

1. A：_____？

   B：不是，我爸爸不是医生。

2. A：_____？

   B：对，她叫李美。

95 特指疑问句

🔬 语法意义及功能

特指疑问句是用疑问代词提问的句子，用来询问人、事物、时间、处所、性质、状态、方式、原因等。

🔬 语法知识储备

一、特指疑问句用疑问代词"谁、什么、多少、怎么、哪儿、为什么"等代替未知的部分进行提问，要求对方针对未知的部分做出回答。汉语中特指疑问句的语序与陈述句相同。

二、特指疑问句也可以用"多+正向形容词"提问，如："你多高？"

三、特指疑问句只能使用"呢、啊"等语气词，不能使用"吗、吧"。

四、在一个词、短语或句子后面加上语气词"呢"也可以构成特指疑问句。"呢"用在名词性成分后面，一般询问处所，相当于问"……在哪儿"，如："我的笔呢？"当"呢"用于后续句时，问的内容可以根据前一分句知道，如："我吃米饭，你呢？""呢"用在谓词性成分后面时，一般用来询问假设性的后果，即"如果……，那么应该怎么办"，如："下雨呢？"意思是"如果下雨，那么应该怎么办"。

🔬 教学核心思路

一、在实际教学中，应当根据教材的安排分散处理使用不同疑问代词提问的特指疑问句，不要一次性全出，否则不利于学生理解和掌握。

二、以旧带新，对陈述句的画线部分提问，引导学生发现汉语特指疑问句的结构特点，即用疑问代词代替未知的部分提问，疑问代词不需要移位，句末不能用"吗"。进行大量的提问回答训练让学生掌握并应用特指疑问句。

三、注意：训练时要突出"替换构造"这个思想。

偏误

一、[误加] 疑问代词和"吗"不能共现。

*你姓什么吗？

*你每天什么时候起床吗？

二、[错序] 疑问代词的位置不是固定在句首的，而是取决于疑问代词所提问部分在陈述句中的位置。

*谁这是？

*哪一件衣服你喜欢？

课堂描述

特指疑问句是问人、事物、时间、地方、方式、原因的句子。

导入

师：（利用学生的实际情况，引导出目标句）玛丽，你周末去朋
　　友家吃饭了吗？

生：是的。

师：坐地铁去的吗？

生：不是，坐出租车去的。

师：(一边说句子，一边板书)玛丽周末坐出租车去朋友家吃饭了。请跟我读一遍。

生：玛丽周末坐出租车去朋友家吃饭了。

师：(在"玛丽"下画线)对这部分提问，应该用"谁"。(教师将词卡"谁"贴在"玛丽"上面，带领学生读句子，读到句末时将标点改为"？")谁周末坐出租车去朋友家吃饭了？(板书例句)

教师可以就这个问句操练一两轮，然后再引入下一个问句。

师：(取下词卡"谁"，贴在"玛丽"的下方，以免影响下一个问句的完整和准确，然后在"周末"下画线)现在，对"周末"提问，"周末"是时间，所以我们用……(留一点儿时间给学生回答)

生：什么时候。

师：对，玛丽什么时候坐出租车去朋友家吃饭了？(板书例句)

"怎么、什么、为什么"的导入步骤同"谁、什么时候"，"多少"的导入需要另造一个陈述句。最后归纳汉语特指疑问句的结构特点。

❀ 疑问范例及结构

谁有中文书？

第八部分 句 类

[谁+动词短语/形容词短语]

你找谁?

[主语+动词+谁]

你去谁家?

[主语+动词+谁(+的)+名词]

你明天做什么?

[主语+动词+什么]

你喜欢什么运动?

[主语+动词+什么+名词]

玛丽什么时候去朋友家?

[主语+什么时候+动词短语]

你去哪儿?

[主语+动词+哪儿]

你弟弟在哪儿上学?

[主语+在+哪儿+动词短语]

你最喜欢哪个公园?

[主语+动词+哪+量词+名词]

你每天怎么去学校?

[主语+怎么+动词短语]

苹果多少钱?

你们班多少人？

[**主语＋多少＋名词**]

你多大？

你家离学校多远？

[**主语＋多＋形容词**]

❀ 操练

一、[教师出示例句，让学生分别针对画线部分提问]

1. 李友<u>昨天</u>没来上课。

2. 小白<u>在商店</u>买了<u>一条</u>裙子。

二、[教师根据情况快速提问]

1. 你姓什么？

2. 你叫什么（名字）？

3. 你是哪国人？

4. 你多大？

5. 你住在哪儿？

6. 下课后你去哪儿？

三、[造句]

学生随机抽取卡片，上面有"谁、什么、什么时候、怎么、多、哪儿/哪里、为什么"等疑问词语，要求学生用抽到的词语造句。

第八部分 句 类

🌸 课堂活动

一、[小调查]

教师课前准备好调查表格,学生两两一组,调查自己的搭档,完成后在班里汇报。调查的话题可以根据实际情况设定,如运动、电影等。调查表的信息可以包括:

1. 姓名
2. 你喜欢运动吗?
3. 你喜欢什么运动?
4. 你什么时候运动?
5. 你每次运动多长时间?
6. 你在哪儿做运动?

二、[买东西]

两人一组,全班分成若干组。一组扮演开商店的人,一组扮演顾客,模拟购物的场景。如果没有实物,可以用图片代替,建议卖水果、衣服等。教师可以提前把可能用到的句子写在黑板上,先带领学生读一读。对话中可能用到的问句举例如下:

1. 您买什么?
2. 您喜欢什么颜色?
3. 您穿多大码?
4. 这个多少钱?
5. 一共多少钱?

分组的情况主要视学生人数而定,建议两人一组,这样无论是开商店还是买东西都有人商量,学生活动时也更放得开。

练习与测试

一、针对画线部分提问。

1. 我叫<u>李中</u>。

2. 他是<u>美国</u>人。

3. 他去<u>图书馆</u>。

4. 小李今年<u>二十岁</u>。

二、在横线上填写合适的疑问词。

1. A：你叫_____？

   B：我叫王友。

2. A：她是_____？

   B：她是我姐姐。

3. A：你_____去北京？

   B：我明天去北京。

4. A：你住_____？

   B：我住17号楼。

5. A：你_____去上海？

   B：我坐飞机去。

三、用给定词语完成对话。

1. A：_____？（谁）

   B：她是我妈妈的朋友。

2. A：＿＿＿＿＿＿＿＿＿＿＿＿＿＿＿？（什么）

   B：我叫乔治。

3. A：＿＿＿＿＿＿＿＿＿＿＿＿＿＿＿？（哪）

   B：我是英国人。

4. A：＿＿＿＿＿＿＿＿＿＿＿＿＿＿＿？（多）

   B：我弟弟今年十五岁。

5. A：＿＿＿＿＿＿＿＿＿＿＿＿＿＿＿？（怎么）

   B：我们坐地铁去。

96 正反疑问句

语法意义及功能

正反疑问句是说话人提出正反两个方面，希望听话人从中选择一项作为回答的疑问句。

语法知识储备

一、正反疑问句是一种特殊的选择疑问句，用谓语的肯定形式和否定形式连用来发问，问话人对答案没有倾向性，答话人一般选择其中一项作为回答。

二、双音节动词或形容词（下文用"AB"代替）的肯定形式和否定形式连用有两种形式，可以说"AB 不 AB"，如"喜欢不喜欢"，也可以说"A 不 AB"，如"喜不喜欢"。

三、动词后有宾语时，正反疑问句有多种形式，以下几种形式较为常用：

1. 你看不看电影？
2. 你看电影不看？
3. 你吃没吃早饭？
4. 你吃早饭了没有？

四、正反疑问句还可以用"是不是""好不好""成不成"等来发问。如：

1. 你要米饭，是不是？
2. 下午我们一起去打球，好不好？
3. 把你的电脑借我用用，成不成？

第八部分　句　类

✿ 教学核心思路

一、采用以旧带新法、图片法等来讲解和操练正反疑问句。

二、从一般疑问句的肯定回答和否定回答自然引出正反疑问句，引导学生理解，然后再用图片法等展开练习。

三、注意：正反疑问句的句尾不能出现语气词"吗"；句中有两个动词时，一般用第一个动词的正反问形式提问。

✿ 偏误

一、[误加] 正反疑问句的句尾不能加语气词"吗"。
*你有没有弟弟吗？

二、[误用] 正反问形式有误。句中有两个动词时，一般用第一个动词的正反问形式提问，下面这个句子应该改为"你想不想去超市"。
*你想去不去超市？

✿ 课堂描述

正反疑问句用肯定加否定的方法来提问，如"这个字对不对？""您是不是老师？"

✿ 导入

教师准备一组图片，如某人在教室、某人不在教室，再准备两张词卡"在""不在"，引导学生理解并练习正反疑问句。

师：他在教室吗？（教师出示"在"的词卡）

扫描二维码
获取图片

生：在。

师：她在教室吗？（教师出示"不在"的词卡）

生：不在。

师：他在不在教室？（教师出示"在"和"不在"两张词卡）

生：在。

师：她在不在教室？

生：不在。

师：她不在教室，对不对？

生：对。

教师继续利用教室的图片提问，并出示"大""干净"等形容词词卡，引导学生相互问答，练习形容词进入正反问的句子。

生₁：这个教室大不大？

生₂：很大。（可以让两三组学生反复练习）

生₁：这个教室干净不干净？

生₂：很干净。（可以让两三组学生反复练习）

师：这个教室干不干净？（引出双音节词的省略形式）

生：很干净。

师：这个教室干不干净？（出示一张不太干净的教室图片）

生：不干净。

师：这个教室不干净，是不是？

生：是。

注意：口语中有一些双音节动词或者形容词的正反疑问形式可以省略音节，如"喜不喜欢""高不高兴"等；正反疑问句末尾不能用"吗"，如不能说"你忙不忙吗"；在连动句中，一般针对第一个动词进行正反问，如"你想不想吃苹果"。

疑问范例及结构

你吃不吃苹果？
[主语＋动词＋不＋动词（＋宾语）]

你忙不忙？
[主语＋形容词＋不＋形容词]

你想不想去超市？
[主语＋动词$_1$＋不＋动词$_1$＋动词$_2$（＋宾语）]

操练

学生分组，从下面的语境中选择一个，用正反疑问句进行交流。
1. 你有没有兄弟姐妹？
2. 你喜不喜欢运动？
3. 明天你想不想出去玩儿？

课堂活动

一、[猜一猜]

教师将学生分成不同的小组，每个小组想出一个词写在纸上，可以是一个名人、一个地方、一项运动。各小组之间用正反疑问句互相提问，先猜出对方所写词的小组获胜。如：

1. 他是不是中国人？

2. 他是不是老人？

3. 他是不是男人？

4. 他是不是商人？

二、[采访]

选出一个学生接受采访，其他学生扮演记者，用正反疑问句快速提问，被采访的人快速回答。一轮结束以后，再选几个学生接受采访，看谁回答的问题最多。采访问题如：

1. 你是韩国人，对不对？

2. 你喝不喝茶？

3. 你喜不喜欢运动？

4. 你去不去食堂吃饭？

5. 你想不想家？

6. 你的汉语好不好？

练习与测试

一、组句。

1. 中国　你　没有　朋友　有

   _____

2. 喜欢　不　中国菜　你　喜欢　吃

   _____

3. 不 超市 想 你 下午 想 去

   _____

二、用正反疑问句完成对话。

1. A：_____？

   B：我去。

2. A：_____？

   B：很漂亮。

3. A：_____？

   B：认识。

97 感叹句

语法意义及功能

感叹句是直接抒发说话人强烈感情并用感叹语调的句子。

语法知识储备

一、感叹句感叹的内容既可以是对事、物、人本身的感叹，如"车！""小花猫！"；也可以是对事、物、人的某一性质或特点的感叹，如"你真高啊！""他太聪明了！"；还可以是对某种动作、行为或状态的感叹，如"打车不给钱，你说这是什么行为！"。

二、感叹句的形式主要有三类：

1. 直接用感叹词，如"哎呀！"；

2. 程度副词"真、太、好、多、多么"以及指示代词"这么、那么"等用在形容词或某些动词结构前面，句尾可用语气词"啊"，如"真漂亮！""好累啊！"；

3. 在特定语境下，一般陈述句也可以表示感叹，如"明天星期天！"。

教学核心思路

一、采用图片法和情境问答法来讲解和操练感叹句。

二、通过图片、视频等创设典型情境，调动学生的情感表达需求，引导学生自然地说出感叹句。

三、提醒学生注意"太……了"为表达感叹的固定格式，这里的"了"不能漏用。

❀ 偏误

一、[**遗漏**]"了"字遗漏。"太……了"为表达感叹的固定格式，"太"和"了"一起搭配使用才能成句。下面的句子应该在句尾加上"了"。

＊这个女孩太漂亮！

二、[**误用**]语气词误用。感叹句常用的语气词为"啊"，不是"呢"。

＊我好想你呢！

❀ 课堂描述

感叹句是表达说话人强烈感情的句子，句子最后用感叹号"！"。

❀ 导入

教师准备一组长城的图片，如长城蜿蜒的全景、蓝天下的长城、很多人登长城的场景等，引导学生用感叹句表达自己的感情。

扫描二维码
获取图片

师：大家看，这是哪里？

生：长城。

师：长城长吗？

生：长城很长。

师：长城多长，你知道吗？长城有6300多公里。我们可以说："长城真长啊！"

生：长城真长啊！

师：长城真长啊！看，长城美吗？

生：长城多美啊！

师：你们喜欢长城吗？

生：太喜欢了！

师：我们一起去长城，好吗？

生：太好了！

师：再看这张，长城上的人多吗？

生：人太多了！

师：人太多了！你喜欢吗？

生：不喜欢。

🌸 肯定范例及结构

真美啊！

好喜欢啊！

[真/好/多/多么+形容词/心理动词（+啊）]

太漂亮了！

太喜欢了！

[太+形容词/心理动词+了]

操练

[用"真……啊""好……啊""太……了"说句子]

教师可以提前准备著名景点的照片、《疯狂动物城》等电影的片段，或利用图片、视频等创设具体可感的情境，引导学生自然地表达感情，进行感叹句的练习。例如，针对著名景点照片或《疯狂动物城》的片段说出下列句子：

1. 真美啊！
2. 太漂亮了！
3. 太可爱了！
4. 真有意思啊！
5. （说话）真慢啊！

课堂活动

一、[买衣服]

学生两个人一组，模拟在网上买衣服的场景，就衣服的颜色、尺寸、价格等用感叹句表达自己的感情。例如：

生$_1$：这件衣服好漂亮啊！

生$_2$：颜色真多啊！

生$_1$：我喜欢蓝色，蓝色多美啊！

生$_2$：这件衣服只有中号。

生$_1$：中号太大了！

生$_2$：这件衣服多少钱？

生$_1$：这件衣服600块。

生$_2$：太贵了！

二、[旅游中的惊喜发现]

把学生分成不同的小组,模拟在不同的季节去中国不同的地方旅游的场景,请大家针对天气、城市、景点等用感叹句表达自己的情感。这个活动也可以帮助学生了解不同地方的特点和文化。

第一组　去武汉:

1. 武汉好漂亮啊!

2. 武汉大学真大啊!

3. 武汉的樱花太美了!

4. 看花的人真多!

第二组　去成都:

1. 成都的茶馆真多啊!

2. 成都人好幸福啊!

3. 大熊猫好可爱!

4. 我太爱吃川菜了!

第三组　去北京:

1. 北京的秋天真美啊!

2. 天气多好啊!

3. 天真蓝啊!

4. 我太喜欢这里了!

第四组　去哈尔滨:

1. 哈尔滨离北京真远啊!

2. 太冷了!

3. 雪真大啊!

4.冰雪大世界多漂亮啊!

练习与测试

一、组句。

1. 美 北京 多 秋天 的 啊

_____

2. 他 快 写 得 真 汉字 写 啊

_____

3. 这 了 便宜 件 太 衣服

_____

二、选词填空。

1.你朋友_____有意思了!(太、真、多)

2.你的宿舍_____干净啊!(太、好)

3.明天是星期天!_____好了!(多、真、太)

98 祈使句

🌸 语法意义及功能

祈使句是表示请求、命令或禁止的句子，用来要求、命令别人（有时包括自己）做什么或不要做什么。

🌸 语法知识储备

一、祈使句一般结构简单，语句短小，主要用于口语对话中。

二、肯定形式的祈使句要求听话人做某事，一般表示命令、建议、请求等，常由动词或动词短语单独成句，有时句首使用"请"等表示尊敬，句尾使用语气助词"吧、啊"等。

三、否定形式的祈使句要求听话人不做某事，一般表示禁止、劝阻、祈免等，常使用"不准、不要、别"等，句尾有时有"了"，如"求求你别说了"。

四、祈使句的主语有第二人称代词、第一人称复数、称谓词三类，但是主语常常省略不说。

五、祈使句语气有强弱之别，影响因素主要有主语的有无、语气助词的有无等。

🌸 教学核心思路

一、采用全身反应法和情境法讲解和操练祈使句。

二、通过课堂现有的情境或者学生生活中的典型情境，引导学生说出表达请求、命令、禁止、劝阻等不同意义的祈使句。如教师对学生的课堂指令、学生对老师的课上请求、离家时父母的嘱咐等。

三、提醒学生注意针对不同对象时祈使句语气的强弱差别。

偏误

一、[误用] 人称代词误用。祈使句一般表示对听话人提出要求，而不是对说话人。

＊我别出去。

二、[错序]"一下"的位置有误，应放在动词后面、宾语前面。

＊读课文一下。

三、[误用] 语气词有误。祈使句中常用的语气词是"吧"，不是"吗"。

＊我们上课吗。

课堂描述

祈使句是要求听话人做什么、不做什么的句子，多用动词，主语常常不用说。

导入

教师发出下列课堂指令，看学生能否做出相应的反应，并以此为切入点展开讲解和练习。

1. 请看黑板,跟我读。
2. 你读一下。
3. 你再读。
4. 你们一起读。
5. 请打开书,我们做练习吧。
6. 你说。

教师把声音变得很小,或故意挡住黑板,引导学生说出下列祈使句。

1. 请大点儿声说。
2. 请再说一遍。
3. 请让一下。
4. 请往左一点儿。
5. 请往右一点儿。

肯定范例及结构

读。
读读。
读一下。
读一下课文。
你读一下课文。
[(主语+)+动词/动词+一下/动词重叠+(宾语)]

否定范例及结构

别迟到。
不要看手机。
[(主语)＋别／不要＋动词（＋宾语）]

操练

[你说我做]

学生两人一组，一人说祈使句，另一人做动作，看看动作做得是否正确。如：

1. 请坐！
2. 给我你的书！
3. 你听一下吧！
4. 请说一句英语！

课堂活动

一、[祈使句传递]

学生四到六人一组，排成若干队。教师准备不同的祈使句，每个祈使句只给各组第一个学生看，请他／她看完以后小声传话给下一个学生，依次传递，最后一个学生要根据祈使句的意思做出相应的动作，看看与纸条上的句子是否对应。看看哪个组传得又快又正确。

1. 请说一句汉语。
2. 写三个汉字。
3. 去教室外面吧。

二、[我说你做]

学生分成若干小组,每个小组选出一个人,其他小组的人用祈使句对他/她提出要求,看看这个学生是否能听懂、做对。能听懂且做对的,这个学生所在的小组得一分;听不懂、做不对的,提问的小组得一分。

练习与测试

一、看图说话。

1. 请进。

2. 请坐。

3. 请喝茶。

4. 我们上课吧!

5. 我们去打球吧!

6. 回宿舍吧!

扫描二维码
获取图片

二、选词填空。

1. 王老师,_____出来一下。(请、别)

2. 快点儿走,_____迟到了。(请、别)

3. _____说话,我们在上课。(请、不要)

99 反问句（1）：不是……吗？
没（有）……吗？

语法意义及功能

"不是……吗？"和"没（有）……吗？"都是表达强调的句型，都是用否定形式表达肯定和强调，表述"是这样的、已经发生了"的意思。

语法知识储备

一、反问句的作用是对于一个明显的道理或事实用反问的语气来加以肯定或否定，以达到加强语势的目的。反问句的特点是以含有否定形式的句子来加强肯定的表述，以含有肯定形式的句子来加强否定的表述。

二、陈述句和各种疑问句都可以加上反问语气构成反问句。反问句的形式一般有四种：是非问形式、特指问形式、正反问形式、选择问形式。

三、反问句不需要回答。

四、"不是……吗？"强调某种明显的事实，有时句子略有惊讶或不满的语气；"不是"可以放在主语前，也可以放在主语后，但必须放在强调的成分前面。

五、"没（有）……吗？"强调已经发生或者曾经确实是这样，如"你没去过长城吗？"这个句子强调的是"你应该去过长城"。

六、反问句句末通常使用问号，有时也可以用感叹号。反问的语气重时多用问号，包含感叹的意味时可用感叹号。

教学核心思路

一、在课堂中大量举例，并用稍微夸张一点儿的语气语调帮助学生理解和操练。

二、可利用班级中的学生作为例子，如教师说"……同学的韩语真好"，引出"她不是韩国人吗？"让学生们理解反问句的用法，并体会语调上的特点。教师提供常用的反问句，带领学生朗读，然后说出句子的意思。学生自己在交流中使用反问句会比较难，初级阶段的主要教学目标是学生能够体会、理解反问句有表达不满语气的功能。

三、注意提醒学生使用反问句时要注意场合，如对老师、上级不能使用。

偏误

一、[误用] 要弄清楚反问句的语义，避免逻辑错误。下列句子的正确表达为："你说他没来，他不是来了吗？"

＊你说他没来，他不是没来吗？

二、[误用] 和师长对话时不适合使用反问句。

＊（对老师说）我不是给你作业了吗？

第八部分　句　类

❀ 课堂描述

"不是……吗？""没（有）……吗？"（教师用反问语气说出来）这样的句子在汉语中叫反问句，问的时候用"不是"和"没（有）"，但是意思是"是"和"有"。"不是……吗？"意思是"是这样的"，"没（有）……吗？"意思是"已经发生了"。

❀ 导入

用很明显的事实导入。

师：（指向一位韩国同学）金大成的韩语真好。

生：他是韩国人。

师：对，我们可以说："他不是韩国人吗？"

师：（指向一位美国同学）珍妮的英语真好。

生：她不是美国人吗？

师：我的汉语很好吧？

生：您不是中国人吗？／您不是老师吗？

❀ 疑问范例及结构

他不是韩国人吗？（他是韩国人）
[**主语＋不是……吗**]

你没去过长城吗？（你应该去过长城）
你没有去过长城吗？（你应该去过长城）
[**主语＋没（有）……吗**]

操练

[读句子，说意思]

1. A：今天是星期三吧？

    B：今天不是星期四吗？

2. A：去颐和园怎么走？（可根据学生情况更换地点）

    B：你不是去过吗？

3. A：来北京以后我还没去过长城呢。（可根据学生情况更换地点）

    B：你没去过长城吗？

4. A：王老师是谁啊？（可根据实际更换名字）

    B：你没听说过王老师吗？

课堂活动

一、[配音]

教师提前准备一些带反问句的对话音频或视频，两个学生一起跟读对话并模仿配音，然后互换角色再来一遍。看看谁配音配得好。

二、[角色扮演]

假设家里有一个很不听话的孩子，想想家人一般都会说什么、孩子会说什么，然后三到四人一组进行表演。例如：

1. 我不是告诉你……吗？
2. 我不是已经做了吗？

3. 你没有作业吗？快去做作业！

练习与测试

一、说明下列反问句的意思。

1. 他不是咱们以前的同学吗？你不认识了？
2. 你不是说你今天休息吗？怎么又开始工作了？
3. 这个餐馆很有名，你没来过吗？
4. 不能在房间里抽烟，我没告诉过你吗？

二、根据提示，用反问句完成对话。

1. A：你应该打扫一下房间了。

   B：_____？（我的房间很干净）

2. A：我明天回国。

   B：_____？（你告诉我你后天回国）

3. A：我的汉语书呢？

   B：_____？（你的汉语书在你的手里）

100 反问句（2）：用疑问代词"什么、哪儿、怎么、谁"等表示反问

🌸 语法意义及功能

由疑问代词构成的反问句是表达强调的方法之一，有时带有不满的语气，肯定形式强调否定，否定形式强调肯定。

🌸 语法知识储备

一、在一些反问句中，疑问代词仍然是词语的原意，只是全句不再表示疑问，而是表示反问。如：

1. 他今天为什么没来？（他应该来）
2. 你让我去哪儿啊？（"我"没有地方可以去）

二、反问句中使用"哪儿、哪里、怎么、什么"的肯定形式强调否定时，这些疑问代词就不是词语的原意了，可以理解为"没、不"的意思。如：

1. 我哪儿学过日语啊？（"我"没学过日语）
2. 我连女朋友都没有，结什么婚啊？（目前"我"还不能结婚）

三、关于反问句的基础知识，详见"反问句（1）"。

🌸 教学核心思路

一、温故知新，事先板书或者使用PPT展示常用的例句。授课时，

以之前学过的反问句"不是……吗?"和"没(有)……吗?"作为铺垫,引入其他反问句。

二、可以从读入手,读一些学生们没有生词障碍的典型例句。领读时注意语调,请学生们猜测句意,让学生自己总结疑问代词表达相反意思的功能。最后给出典型语境,鼓励学生产出。

三、让学生在交流中产出反问句是比较高的教学目标,初级阶段的主要教学目标是学生能够理解反问句的语用场景,如反问句有时表达不满,使用时要注意场合,对老师、上级不能使用反问句。

偏误

一、[**误用**] 答句误用。使用什么疑问代词是这一类反问句的难点,常会出现偏误。如下句中应该使用"怎么"而不是"什么"。

A:你知道咱们哪天放假吗?
B:*我什么知道?

二、[**误用**] 答句误用。反问句不宜用在与师长的对话中。

师:你以前学过汉语吗?
生:*没有,我哪儿学过汉语啊?

三、[**误用**] 反问句中肯定形式与否定形式的误用。

A:你不想去旅行吗?
B:*我怎么想去?但是我没有时间啊。

课堂描述

反问句说的是相反的意思。如"好什么？"意思是不好，"有什么不好？"意思是挺好。

导入

教师给出几个反问句的例子，先带领学生一起读一下，感受语气语调，让学生猜一猜是什么意思。之后教师创设适合操练反问句的情境，引导学生说句子。例如：

生：减什么肥？你一点儿也不胖。

生：结什么婚？我连女朋友都没有呢。

生：我哪儿会说日语啊？我只会说汉语。

生：谁说我不努力？我天天都学习。

疑问范例及结构

好什么？（不好）
[形容词+什么]

有什么不好的？（挺好的）
[动词+什么+宾语]

我怎么知道？（"我"不知道）

我怎么能不知道？（"我"当然知道）

我怎么知道这道题的答案？（"我"不知道这道题的答案）

[主语+怎么+动词/动词短语]

我哪儿知道？（"我"不知道）

我哪儿能不知道？（"我"当然知道）

我哪儿知道他的电话？（"我"不知道他的电话）

[主语＋哪儿＋动词/动词短语]

谁说我会说日语？（"我"不会说日语）

谁说我的汉语不好？（"我"的汉语挺好）

[谁说＋小句]

操练

[读句子，说意思]

1. A：听说你考得很好。

   B：好什么？才60分。

2. A：你不想去旅行吗？

   B：我怎么不想去？没有钱啊！

3. A：你知道杰克去哪儿了吗？

   B：我哪儿知道？我都好几天没看见他了。

课堂活动

一、[反问句我来说]

准备一些有意思的含有反问句的对话，两个学生一起读对话，然后互换角色再来一遍。

二、[话剧表演]

教师编写一个含有反问句的小话剧，如和朋友吵架，请学生扮演其中的角色表演。注意语调和语气的运用。小话剧中的反问句可以包括以前学过的所有反问句的类型。

练习与测试

一、说说下列反问句的意思。

1. 你刚买了好几件衣服，还买什么衣服啊？
2. 她哪儿是我的女朋友啊？她是我妹妹。
3. 谁说我不努力？我每天都学到很晚。

二、用含有不同疑问代词的反问句完成对话。

1. A：我真应该减肥了。

   B：＿＿＿＿＿＿＿＿＿＿＿＿（什么）

   ＿＿＿＿＿＿＿＿＿＿＿＿（哪儿）

   ＿＿＿＿＿＿＿＿＿＿＿＿（谁说）

2. A：听说你以前学过日语。

   B：＿＿＿＿＿＿＿＿＿＿＿＿（什么）

   ＿＿＿＿＿＿＿＿＿＿＿＿（哪儿）

   ＿＿＿＿＿＿＿＿＿＿＿＿（谁说）